우리 조상들의
신앙생활

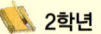

《우리 조상들의 신앙생활》은
초등학교 교과서의 이런 단원과 관련이 깊어요.

📖 **2학년 1학기 국어**
  3. 이런 생각이 들어요 〈금도끼 은도끼〉

📖 **2학년 2학기 국어**
  2. 바르게 알려 줘요 〈장승〉

📖 **3학년 1학기 국어**
  4. 마음을 전해요 〈어흥, 호랑이를 만나 볼래?〉, 〈삼강오륜〉

📖 **5학년 2학기 국어**
  1. 마음속의 울림
    (1) 환한 웃음

📖 **3학년 2학기 사회**
  3. 다양한 삶의 모습
    (2) 변화하는 전통 의례

📖 **5학년 1학기 사회**
  Ⅰ. 하나 된 겨레
    3. 삼국의 성립과 발전
  Ⅱ. 다양한 문화를 꽃피운 고려
    3. 불교의 영향과 고려 사람들
  Ⅲ. 유교 전통이 자리 잡은 조선
    3. 유교 전통과 신분 질서

📖 **5학년 2학기 사회**
  3. 우리 겨레의 생활 문화
    (2) 민속을 통해 본 조상들의 삶

📖 **6학년 도덕**
  10. 참되고 숭고한 사랑
    (1) 사랑하는 마음을 배워요

오십 빛깔 우리 것 우리 얘기 ㉙

우리 조상들의

우리누리 글 ● 허구 그림

주니어중앙

추천의 말

어린이가 꿈을 키우는 터전

꿈 많은 어린 시절엔 장대한 역사와 위대한 문화유산에 관한
책을 읽는 것이 좋다.
거기에는 어린이가 꿈을 키우는 터전이 있기 때문이다.
감수성 예민한 어린 시절엔 흥미로운 그림을 통하여
재미있게 이야기를 풀어간 책이 좋다.
그것은 시각적 인식을 통해 어린이의 상상력을 자극하기 때문이다.
『오십 빛깔 우리 것 우리 얘기』는 이런 필요조건을 갖춘
고급 어린이 교양도서라 할 만한 것이다.

유홍준
(전 문화재청장, 현 명지대 교수,
『나의 문화유산 답사기』 저자)

 이 책을 추천해 주신 선생님들

- 전래놀이, 풍속과 관련된 수업에 활용하고 있습니다. 옛 풍속과 관련해서 요즘에는 잘 사용하지 않는 용어들이 있어서 아이들이 어려워하는데, 이 책에는 사진 자료와 함께 쉽고 정확하게 설명이 되어 있어 아이들이 이해하기 쉽게 되어 있습니다.
                                                   — 손영수 선생님(가사초등학교)

- 아이들이 우리의 전통문화를 쉽게 접할 수 있도록 도움을 주는 소중한 자료입니다. 우리 학교의 독서 퀴즈 대회에서 매년 사용하는 책이랍니다.
                                                   — 성주영 선생님(도당초등학교)

- 우리의 옛 풍습과 문화, 관혼상제 등에 대해 자세히 설명되어 있어 수업을 하기 전에 미리 읽어 오라고 하는 도서입니다.
                                                   — 전은경 선생님(용산초등학교)

- 우리의 문화와 역사를 초등학생들이 이해하기 쉽도록 재미있는 옛이야기로 풀어낸 점이 가장 마음에 듭니다. 초등 교과와 연계된 부분이 많아 학교 수업에 많이 활용하는 도서입니다.
                                                   — 한유자 선생님(삼일초등학교)

김임숙 선생님(팔달초)	조윤미 선생님(화양초)	이경혜 선생님(군포초)	염효경 선생님(지동초)
오재민 선생님(조원초)	박연희 선생님(우이초)	박혜미 선생님(대평중)	이진희 선생님(수일초)
최정희 선생님(온곡초)	정경순 선생님(시흥초)	박현숙 선생님(중흥초)	김정남 선생님(외동초)
이광란 선생님(고리울초)	김명순 선생님(오목초)	신지연 선생님(개포초)	심선희 선생님(상원초)
문수진 선생님(덕산초)	정지은 선생님(세검정초)	정선정 선생님(백봉초)	김미란 선생님(둔전초)
김미정 선생님(청덕초)	조정신 선생님(서신초)	김경아 선생님(서림초)	김란희 선생님(유덕초)
정상각 선생님(대선초)	서흥희 선생님(수일중)	윤란희 선생님(안산시근로자시민문화센터어린이도서관)	

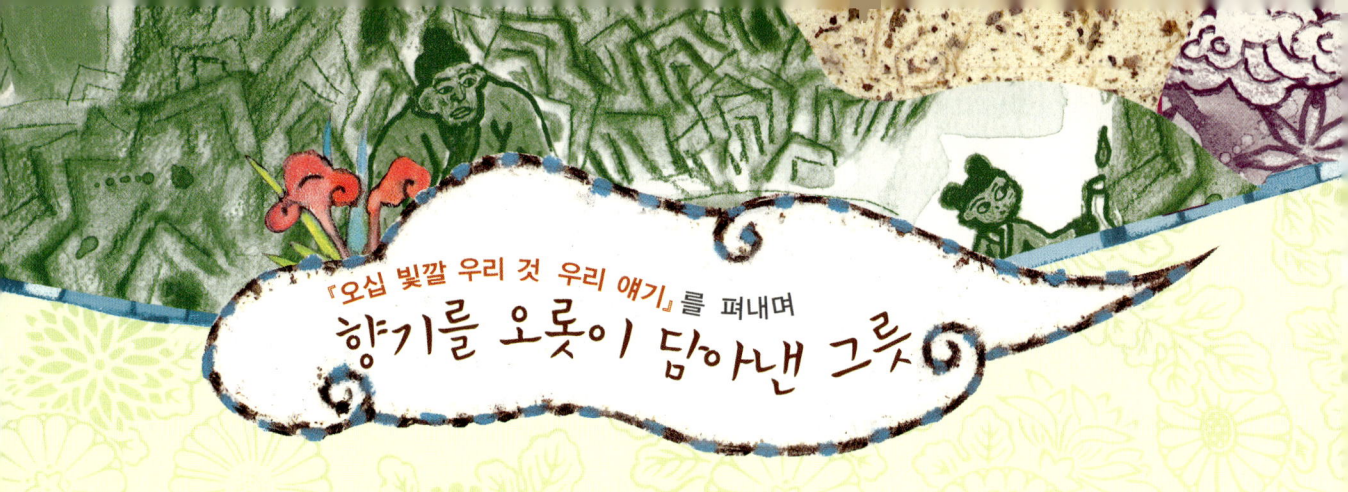

『오십 빛깔 우리 것 우리 얘기』를 펴내며
향기를 오롯이 담아낸 그릇

『오십 빛깔 우리 것 우리 얘기』 시리즈가 처음 출간된 지 어느덧 16년이 되었습니다. 그동안 수많은 어린이와 부모님, 그리고 선생님들의 사랑을 받으며 전 50권이 완간되었고, 어린이 옛이야기 분야의 고전(古典)이자 스테디셀러로 굳건히 자리매김해 왔습니다.

이 시리즈는 '소중히 지켜야 할 우리 것'에 대한 이야기를 어린이를 위해 '쉽고 재미있게' 풀어쓴 책입니다. 내용으로는 선조들의 생활과 풍습 이야기, 문화재와 발명품 이야기, 인물과 과학기술·예술작품 이야기, 팔도강산과 고유 동식물 이야기 등 우리나라 역사와 전통문화 모든 영역을 총망라하고 있습니다. 그리고 이를 50가지 주제로 엮어 저학년 어린이도 얼마든지 볼 수 있도록 맛깔나는 옛이야기로 담아냈습니다. 장대한 역사와 위대한 문화유산을 배우기에 옛이야기만큼 좋은 형식도 없기 때문입니다.

대한민국 국민으로서 알아야 하고 전해야 할 우리 것, 우리 얘기는 아주 많습니다. 그동안 이 시리즈를 통해 많은 어린이가 우리 것을 알게 되고, 우리 얘기를 사랑하게 되었을 것입니다. 시간이 흘러도 역사와 전통문화의 향기는 변하지 않기 때문입니다.

하지만 저희는 그 향기를 담아내는 그릇이 그간 색이 바래고 빛을 잃었다는 사실에 가슴이 아프고 안타까웠습니다. 그래서 책에서 전하는 우리 것의 향기를 오롯이 담아낼 수 있는 새로운 그릇을 찾고자 하였습니다. 그 그릇을 통해 향기가 더욱 그윽해지고 멀리까지 퍼져서 수백 년, 수천 년 전의 우리 것이 오늘날에도 살아 숨 쉴 수 있도록 생명력을 주고자 하였습니다.

이에 몇 가지 원칙을 가지고 『오십 빛깔 우리 것 우리 얘기』 시리즈를 새롭게 출간하게 되었습니다.

◎ 원작이 가지는 옛이야기의 맛과 멋을 그대로 살렸습니다.
◎ 요즘 독자들의 감각에 맞추어 디자인과 그림을 50권 전권 전면 개정하였습니다.
◎ 교과 학습의 길잡이가 될 수 있도록 연계 교과를 표시하였습니다.
◎ 학습정보 코너는 유익함과 재미를 함께 줄 수 있도록 4컷 만화, 생생 인터뷰, 묻고 답하기 등으로 내용을 재구성하였고, 최신 정보와 사진을 수록하였습니다.
◎ 도표, 연표, 역사신문, 체험학습 등으로 권말부록을 풍성하게 꾸며서 관련 교과 학습을 강화하였습니다.

이 책을 처음 읽었을 8살 꼬마 독자는 지금쯤 나라와 민족에 긍지를 가진 25살 자랑스러운 대한민국 청년이 되었을 것입니다. 그 청년이 부모가 되어서도 자녀에게 다시 권할 수 있는 그런 책이 되기를 바라며, 이 시리즈를 오십 빛깔 그릇에 정성껏 담아 내어놓습니다.

주니어중앙

글쓴이의 말

조상들의 꿈과 희망이 되어 준 신앙

어린이 친구들은 언제나 믿고 받드는 대상이 있나요? 신앙의 대상이 있느냐는 말이에요.

우리 조상들은 예부터 이 세상에 살아 있는 모든 것에는 어떤 기운이 있다고 믿었어요. 그중에는 우리에게 복을 주는 좋은 기운이 있는가 하면, 우리를 괴롭히는 나쁜 기운도 있다고 생각했지요. 그래서 좋은 기운을 불러오고 나쁜 기운을 막기 위해 집 안 구석구석은 물론 마을 여기저기, 산과 바다에 믿고 받드는 신앙의 대상을 만들어 놓았답니다.

하지만 그 대상은 거창하지 않았어요. 우리 조상들과 오랜 시간을 함께한 신앙의 대상은 소박하고 평범한 모습이었지요. 심지어는 주변에서 쉽게 볼 수 있는 나무, 돌, 항아리 등도 우리 조상들의 신앙의 대상이 될 수 있었으니까요.

　그렇지만 안타깝게도 우리 조상들과 오랜 시간을 함께해 온 신앙의 대상들이 우리 곁에서 점차 사라지고 있어요. 우리 조상들의 간절한 바람이 담긴 신앙의 대상을 미신이나 우상을 숭배하는 것쯤으로 하찮게 생각하기 때문이지요.

　이 책은 우리 조상들의 신앙생활에 관한 이야기예요. 우리 조상들이 어떤 것을 신앙의 대상으로 섬겼는지, 그 속에 담긴 의미는 무엇인지, 그리고 어떤 소망을 빌었는지 등에 대해 써 놓았어요.

　한 장 한 장 책장을 넘기며 각각의 이야기에 귀를 기울여 보세요. 그러면 지금까지 전해 내려오는 우리 민족의 신앙을 알게 되고 우리 것에 대한 많은 관심과 애정을 갖게 될 거예요.

　자, 지금부터 우리 조상들의 다양한 신앙 세계로 떠나 볼까요?

어린이의 벗 우리누리

차례

호랑이를 거느리고 산을 지키는 산신 12
백두 낭자·한라 도령이 들려주는 동물 신앙 이야기
호랑이가 산신의 다른 모습이라고요? 22

길 떠나는 나그네를 지켜 주는 서낭 24
백두 낭자·한라 도령이 들려주는 동물 신앙 이야기
개구리 울음소리로 점을 쳤다고요? 34

재앙으로부터 마을을 지켜 주는 장승 36
백두 낭자·한라 도령이 들려주는 동물 신앙 이야기
사슴이 하늘의 뜻을 전해 준다고요? 46

부엌에도 화장실에도 있는 가신 48
백두 낭자·한라 도령이 들려주는 동물 신앙 이야기
뱀이 재물을 가져다준다고요? 58

아기를 점지해 주는 삼신할머니 60
백두 낭자·한라 도령이 들려주는 동물 신앙 이야기
말이 왕의 탄생을 알려준다고요? 70

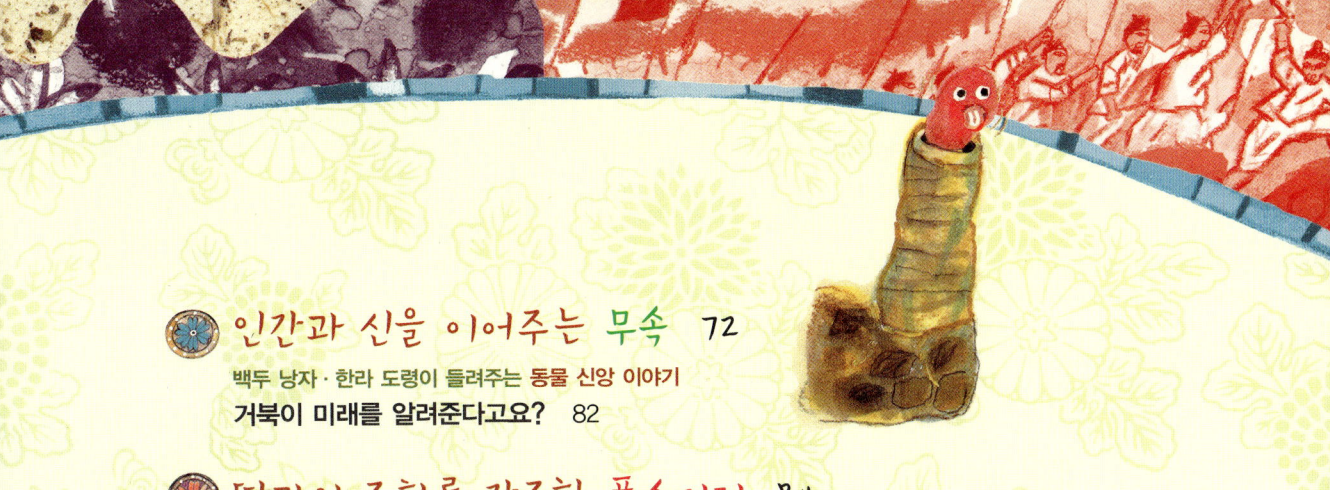

인간과 신을 이어주는 무속 72
백두 낭자·한라 도령이 들려주는 동물 신앙 이야기
거북이 미래를 알려준다고요? 82

땅과의 조화를 강조한 풍수지리 84
백두 낭자·한라 도령이 들려주는 동물 신앙 이야기
제비가 착한 일, 나쁜 일을 가린다고요? 94

작은 생명도 귀하게 여기는 불교 96
백두 낭자·한라 도령이 들려주는 동물 신앙 이야기
까치가 좋은 일을 가져다준다고요? 106

삼강오륜의 정신이 살아 있는 유교 108
백두 낭자·한라 도령이 들려주는 동물 신앙 이야기
잉어가 소망을 이루어 준다고요? 118

평등한 세상을 이루고자 한 동학 120
백두 낭자·한라 도령이 들려주는 동물 신앙 이야기
곰이 새로운 세상을 알린다고요? 130

부록 **교과가 튼튼해지는 우리 것 우리 얘기** 132
우리나라의 민속신앙

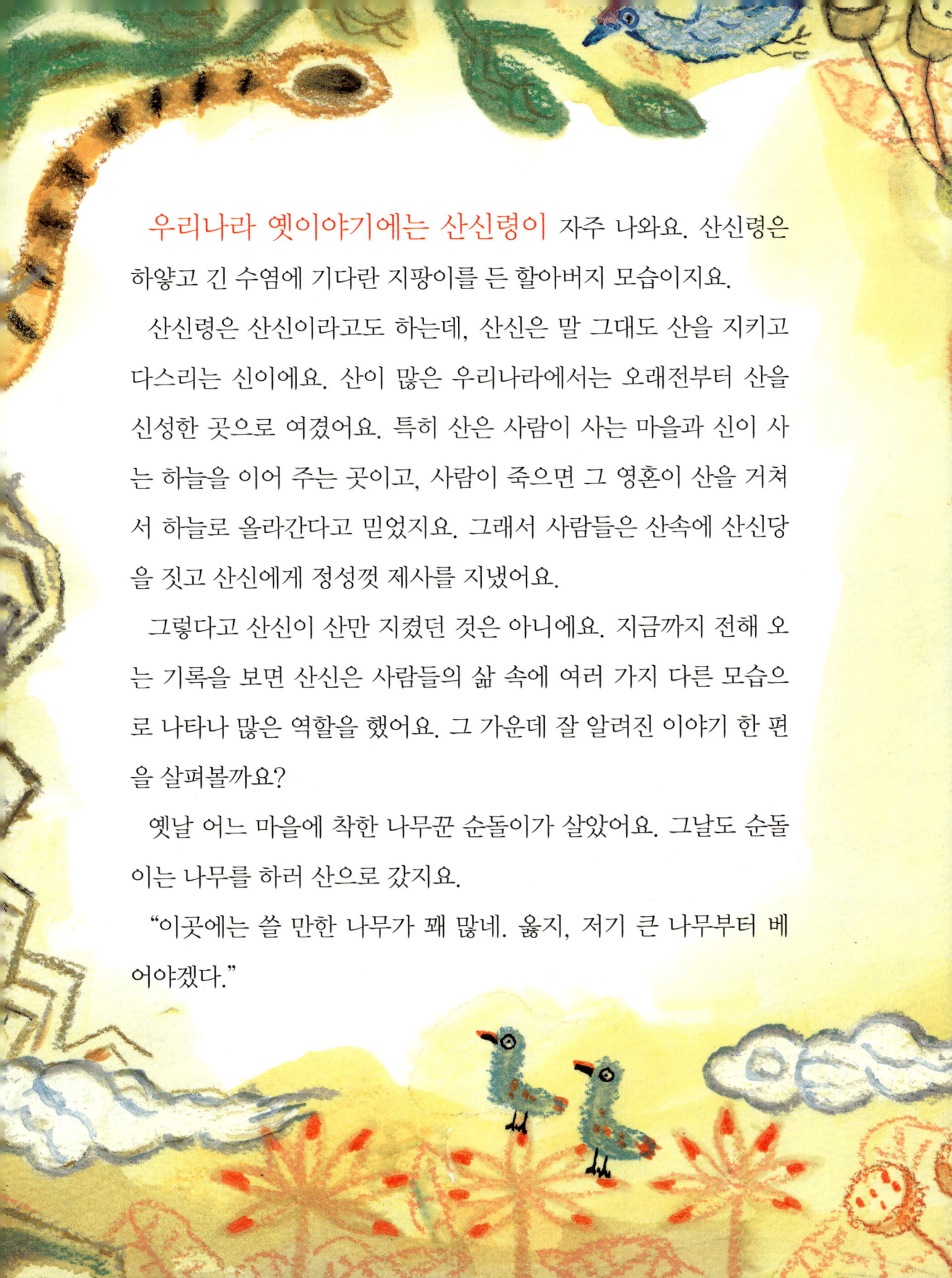

우리나라 옛이야기에는 산신령이 자주 나와요. 산신령은 하얗고 긴 수염에 기다란 지팡이를 든 할아버지 모습이지요.

산신령은 산신이라고도 하는데, 산신은 말 그대로 산을 지키고 다스리는 신이에요. 산이 많은 우리나라에서는 오래전부터 산을 신성한 곳으로 여겼어요. 특히 산은 사람이 사는 마을과 신이 사는 하늘을 이어 주는 곳이고, 사람이 죽으면 그 영혼이 산을 거쳐서 하늘로 올라간다고 믿었지요. 그래서 사람들은 산속에 산신당을 짓고 산신에게 정성껏 제사를 지냈어요.

그렇다고 산신이 산만 지켰던 것은 아니에요. 지금까지 전해 오는 기록을 보면 산신은 사람들의 삶 속에 여러 가지 다른 모습으로 나타나 많은 역할을 했어요. 그 가운데 잘 알려진 이야기 한 편을 살펴볼까요?

옛날 어느 마을에 착한 나무꾼 순돌이가 살았어요. 그날도 순돌이는 나무를 하러 산으로 갔지요.

"이곳에는 쓸 만한 나무가 꽤 많네. 옳지, 저기 큰 나무부터 베어야겠다."

순돌이는 도끼로 나무를 찍기 시작했어요. 하지만 아무리 땀을 뻘뻘 흘리며 나무를 찍어도 나무가 너무 커서 쉽게 베어지지 않았어요.

"에구, 너무 큰 나무를 골랐나? 잘 베어지지가 않네. 그렇다고 이대로 포기할 수는 없지."

순돌이는 힘을 내어 다시 나무를 찍어댔어요. 그런데 그만 땀으로 젖은 순돌이의 손에서 도낏자루가 미끄러졌어요. 도끼는 바로 옆 연못 속으로 풍덩 빠져 버리고 말았지요.

순돌이는 땅바닥에 털썩 주저앉아 연못을 바라보며 엉엉 울었어요.

"아이고, 이를 어쩌나. 딱 하나밖에 없는 도끼인데……."

그런데 잠시 뒤 연못에서 희뿌연 안개가 피어오르더니 산신령이 나타났어요.

"여봐라, 너는 무슨 일로 그리 슬피 우느냐?"

"사, 사, 산신령님! 제가 나무를 하다가 그만 하나밖에 없는 도끼를 연못에 빠뜨리고 말았습니다."

"쯧쯧. 거참 딱하구나. 내가 그 도끼를 한번 찾아보마."

산신령은 말이 끝나기가 무섭게 연못 속으로 사라졌다가, 번쩍번쩍거리는 금도끼를 들고 다시 모습을 드러냈어요.

"이 도끼가 네 것이냐?"

"아닙니다. 제 도끼는 값비싼 금도끼가 아닙니다."

"그래? 그렇다면 다시 찾아봐야겠구나."

산신령은 다시 연못 속으로 사라졌다가, 곧 반짝이는 은도끼를 들고 나타났어요.

"이 도끼가 네 것이냐?"

"아닙니다. 제 도끼는 은도끼도 아닙니다."

순돌이는 손까지 내저으며 아니라고 대답했어요. 그러자 산신령은 또다시 연못으로 들어갔어요. 그리고 이번에는 순돌이가 빠뜨린 쇠도끼를 가지고 나타났지요.

"그러면 이 쇠도끼가 네 것이냐?"

"네! 그 도끼가 바로 제 도끼입니다. 고맙습니다, 산신령님."

순돌이는 산신령에게 넙죽 절을 했어요.

"어허, 참으로 정직하고 착한 나무꾼이로다. 너에게 이 금도끼와 은도끼, 쇠도끼를 모두 줄 터이니 앞으로도 착하게 살도록 하여라. 알겠느냐?"

쇠도끼는 물론 금도끼와 은도끼까지 모두 받아 든 순돌이는 어쩔 줄을 몰랐어요. 그사이 산신령은 희뿌연 안개 사이로 흔적도 없이 사라져 버렸지요.

"산신령님, 고맙습니다!"

순돌이는 연못을 향하여 몇 번이나 절을 했어요. 그러고는 산신령한테 받은 도끼 세 개를 들고 산에서 내려왔어요.

착한 나무꾼 순돌이에게 금도끼와 은도끼가 생겼다는 소문은 금세 온 마을에 퍼졌어요. 이웃에 사는 욕심쟁이 나무꾼 먹쇠도 그 소문을 들었지요.

'도끼를 연못에 빠뜨렸더니 금도끼와 은도끼를 주었다고? 그렇다면 내가 지금 이러고 있을 때가 아니지.'

먹쇠는 얼른 가장 큰 도끼를 들고 산으로 갔어요.

'큰 도끼를 연못에 빠뜨리면 당연히 금도끼, 은도끼도 큰 것으로 주시겠지?'

산속으로 들어간 먹쇠는 순돌이가 말했던 장소를 찾았어요.

"큰 나무가 있고 연못이 있다고 했으니까 이곳이 분명해. 자, 그럼 시작해 볼까?"

먹쇠는 손바닥을 맞대어 두어 번 탁탁 치더니 일부러 도끼를 연못 속으로 던져 버렸어요. 그러고는 땅을 치며 소리쳤어요.

"아이고, 이를 어쩌나. 이제 나는 망했다. 도끼가 없으면 나무를 벨 수가 없는데……."

먹쇠는 산신령이 나타나기를 기다리며 우는 척했어요.

드디어 연못 속에서 산신령이 나타났어요.

"여봐라, 너는 왜 그리 소리치며 우느냐?"

"아이고, 산신령님! 제발 제 도끼 좀 찾아 주십시오. 실수로 도끼를 연못 속에 빠뜨렸지 뭡니까?"

"그래? 내가 그 도끼를 한번 찾아보마."

산신령은 곧 연못 속으로 사라졌다가 다시 나타났어요.

"이 쇠도끼가 네 것이냐?"

"아닙니다. 제 도끼는 번쩍번쩍 빛이 납니다."

"빛이 난다고? 그러면 다시 찾아봐야겠구나."

산신령은 쇠도끼를 들고 연못 속으로 사라졌다가, 은도끼를 들고 다시 나타났어요.

"이 은도끼가 네 것이냐?"

"네, 맞습니다. 그런데 물에 빠진 제 도끼가 하나 더 있습니다."

먹쇠의 말을 들은 산신령은 얼른 금도끼를 내밀었어요.

"혹시, 이 금도끼가 네가 잃어버린 것이냐?"

"네, 맞습니다. 금도끼도 제 것입니다."

"네 이놈! 욕심에 눈이 멀어 거짓말을 하는구나. 금도끼와 은도끼는 원래 내 것인데다 쇠도끼는 네 것이 아니라고 했으니 너에게 줄 것이 없다. 그만 가 보아라."

산신령은 먹쇠에게 호통을 치더니 안개 속으로 순식간에 사라져 버렸어요.

"이게 뭐야? 멀쩡한 도끼만 잃어버렸잖아. 아이고, 분해라."

먹쇠는 산신령이 사라진 연못을 바라보며 한참 동안 넋두리를 늘어놓았어요.

이 이야기에 나오는 산신령처럼 산신은 산에 관련된 모든 일을 다스릴 뿐만 아니라, 사람들 가까이에 살면서 인간 세상의 잘잘못을 가려서 상을 주거나 벌을 내리는 재판관 역할도 했어요. 또한 소원을 비는 사람들의 기도를 들어주고 나쁜 귀신을 물리쳐 주기도 했지요.

산신을 믿고 따르는 산신 신앙은 우리 민족이 처음 나라를 세운 고조선 시대에서부터 찾아볼 수 있어요. 고조선을 세운 단군이 죽은 뒤 산신이 되었다는 기록이 있거든요. 이 밖에도 고구려를 세운 주몽, 가야를 세운 수로왕 등 나라를 세운 여러 시조 임금들도 죽어서 산신이 되었다고 해요.

그런가 하면 고려 시대에는 왕실에서부터 일반 백성에 이르기까지 모두 산신을 숭배했어요. 나라에서는 신성한 산을 몇 개 정해 해마다 봄과 가을에 제사를 지내고, 나라에 큰일이 있을 때마다

기도를 드렸어요. 그리고 나라에 중요한 행사가 있을 때에는 유명한 산에 특별한 이름을 내리기도 했지요. 이 모두가 산이 나라를 지켜 준다는 믿음 때문이었어요.

특히 산삼을 캐는 심마니들은 산신을 굳게 믿었어요. 심마니들은 산신이 산삼을 내려 준다고 믿기 때문에 산신을 모시는 집을 지어 제사를 올리기도 했어요.

산신을 모신 집을 산신당 또는 산신각이라고 하고, 산신에게 올리는 제사를 산신제라고 해요. 산신제를 지낼 때에는 소원을 적은 종이를 불에 태워 산신에게 올리는데, 이것을 '소지 올리기'라고 하지요. 불을 붙인 소지가 높이 올라갈수록 산신과 가까워진다고 생각한 사람들은 종이가 더 높이 올라가기를 바랐어요.

우리 친구들도 이루고 싶은 소원이 있지요? 만약 산에 갈 일이 있으면 산신에게 그 소원을 빌어 보면 어떨까요?

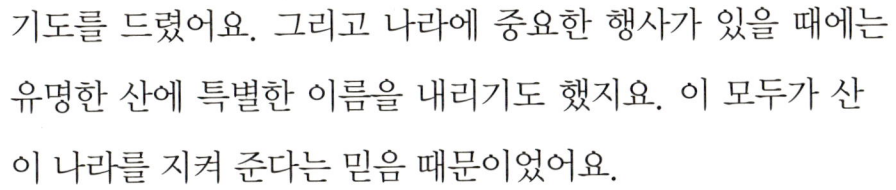

 백두 낭자·한라 도령이 들려주는 동물 신앙 이야기

호랑이가 산신의 다른 모습이라고요?

 산신을 모신 사당을 산신각이라고 해요. 산신각에는 산신 그림이 걸려 있지요. 그런데 그림을 보면 꼭 산신과 함께 호랑이가 그려져 있어요. 왜 그럴까요?

옛날에 호랑이는 사람들에게 가장 무섭고 두려운 동물이었어요. 그래서 사람들은 호랑이를 산신의 심부름꾼 또는 산신의 다른 모습이라고 믿었지요.

산신도

산신도에는 산신과 함께 호랑이가 꼭 등장한답니다.

호도

민화 속 호랑이 가족의 모습이 친근하게 느껴져요.

호랑이 신앙은 생활 풍습에서도 찾아 볼 수 있어요. 우리 조상들은 호랑이 달인 정월(음력 1월)이 되면 호랑이 그림을 대문에 붙였어요. 호랑이가 귀신처럼 밤에 다니고 힘도 세기 때문에 질병과 재앙을 가져오는 나쁜 귀신을 쫓을 수 있다고 믿었기 때문이지요.

그런가 하면 전라남도 지방에서는 정월의 첫 번째 호랑이 날에는 아무 일도 하지 않고 놀았다고 해요. 만일 일을 하면 사나운 호랑이가 나타나서 해를 끼친다나요?

하지만 호랑이가 무섭기만 한 것은 아니에요. 우리 조상들은 호랑이가 착한 사람을 도와주고, 은혜에 보답할 줄 아는 동물이라고 생각했어요. 그래서 옛이야기 중에는 병든 어머니의 약을 구하려고 캄캄한 밤길을 가는 효자를 도와주거나, 입안에 비녀가 걸려 고통을 받던 자신을 도와준 나무꾼에게 나무를 해다 주고 처녀를 물어다 준 호랑이 이야기도 있답니다.

호랑이는 단군 신화에도 나올 만큼 아주 오래전부터 우리 조상들의 신앙의 대상이었어요.

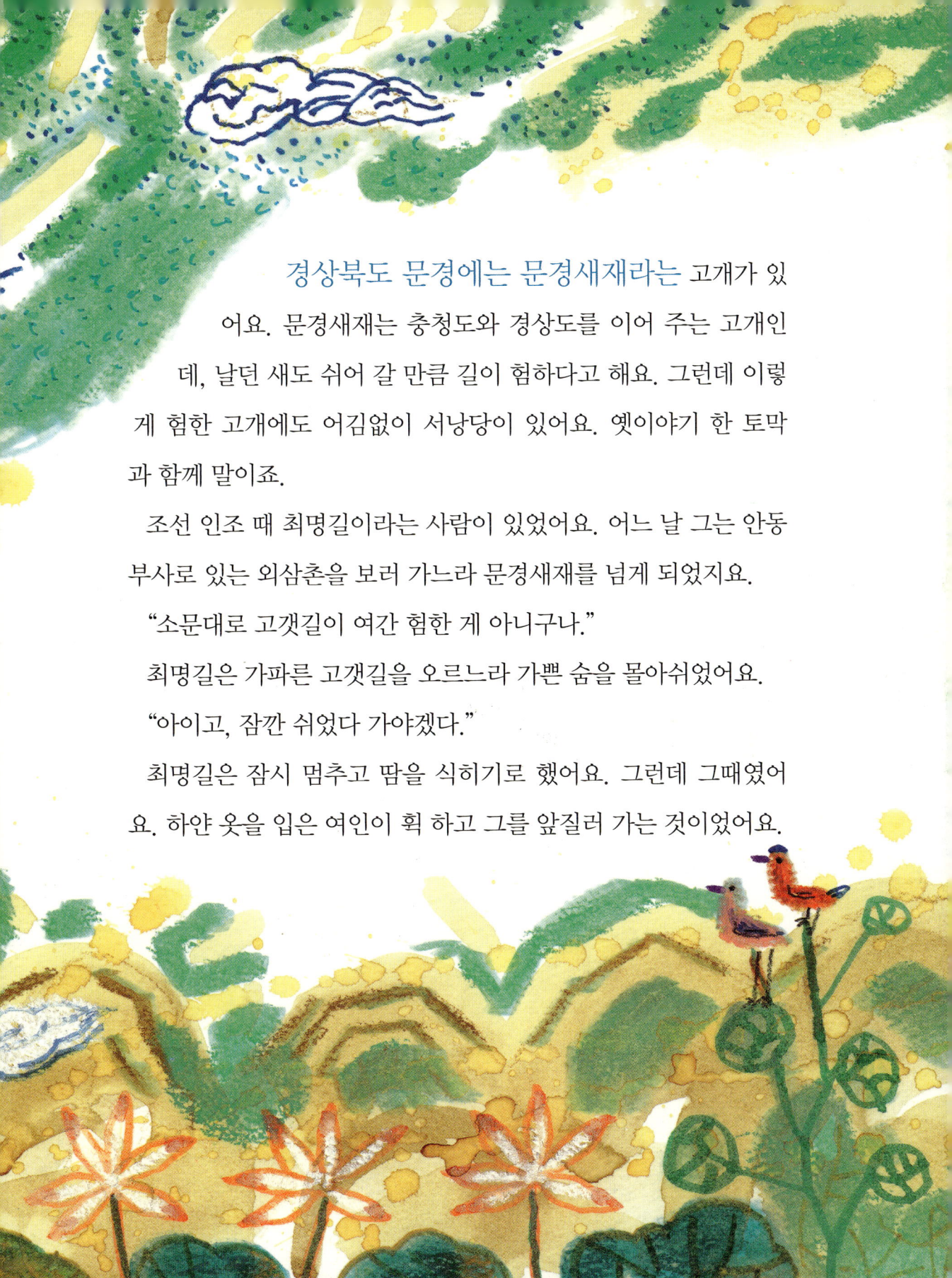

경상북도 문경에는 문경새재라는 고개가 있어요. 문경새재는 충청도와 경상도를 이어 주는 고개인데, 날던 새도 쉬어 갈 만큼 길이 험하다고 해요. 그런데 이렇게 험한 고개에도 어김없이 서낭당이 있어요. 옛이야기 한 토막과 함께 말이죠.

조선 인조 때 최명길이라는 사람이 있었어요. 어느 날 그는 안동 부사로 있는 외삼촌을 보러 가느라 문경새재를 넘게 되었지요.

"소문대로 고갯길이 여간 험한 게 아니구나."

최명길은 가파른 고갯길을 오르느라 가쁜 숨을 몰아쉬었어요.

"아이고, 잠깐 쉬었다 가야겠다."

최명길은 잠시 멈추고 땀을 식히기로 했어요. 그런데 그때였어요. 하얀 옷을 입은 여인이 휙 하고 그를 앞질러 가는 것이었어요.

'남자도 혼자 넘기 힘든 고개를 여자 혼자 넘다니……. 게다가 걸음도 보통 빠른 게 아니군.'
최명길은 놀란 눈으로 여인을 바라보았어요. 그러다가 곧 입까지 딱 벌리게 되었지요. 자세히 보니까 여인의 걸음이 도저히 사람의 걸음이라고는 믿을 수 없을 만큼 빨랐기 때문이에요.
"도대체 사람이야, 귀신이야?"

최명길은 여인의 뒷모습을 넋 놓고 바라보다가 자신도 모르게 중얼거렸어요. 그러자 그 말이 끝나기가 무섭게 여인이 걸음을 멈추고 뒤를 돌아보았어요.

잠시 침묵이 흐르고, 최명길을 찬찬히 살피던 여인이 미소 띤 얼굴로 입을 열었어요.

"나는 사람이 아니라 이곳 문경새재를 지키는 서낭신입니다. 볼 일이 있어서 안동에 가는 길이지요."

"저, 저도 안동에 가는 길입니다만……. 서낭신께서는 안동에 무슨 일로 가십니까?"

"좌수의 딸을 죽이러 갑니다."

"아니, 좌수 딸이 무슨 잘못을 저질렀기에……."

"며칠 전에 이곳을 자주 오가는 비단 장수가 고운 비단을 서낭당에 바쳤습니다. 어찌나 귀하고 곱던지 보기만 해도 내 마음이 흐뭇해지더이다. 그런데 어제 좌수가 그 비단을 훔쳐서 제 딸에게 주었지 뭡니까? 그래서 도둑맞은 비단도 찾고 그의 딸을 죽여 괘씸한 좌수 놈을 혼내 주러 가는 길입니다."

서낭신의 대답을 들은 최명길은 조금 무서운 기분이 들었지만 태연한 척 말했어요.

"화가 나더라도 참으셔야지 그깟 일로 사람을 죽여서야 하겠습니까? 그만 화 푸시고 죽이고자 하는 마음을 거두시지요."

최명길은 서낭신에게 간절하게 부탁했어요. 그러자 무언가 결심한 듯 서낭신이 다시 입을 열었어요.

"듣고 보니 당신의 말이 맞구려. 내 좌수 딸을 죽이진 않고 혼내는 것으로 그치겠습니다."

"네, 그러셔야지요. 정말 잘 생각하셨습니다."

최명길은 서낭신의 화가 좀 누그러진 것 같아 마음이 한결 가벼워졌어요. 최명길의 얼굴이 한층 밝아진 것을 보고 서낭신이 부드러운 미소를 지으며 말했어요.

"당신은 훗날 큰일을 하실 분이군요. 영의정이 되어 이름을 떨칠 뿐만 아니라, 전쟁에서 큰 공을 세우시겠어요. 머지않아 명나라가 망하고 청나라가 일어날 것이니, 당신은 명나라를 멀리하고 청나라와 친하게 지내어 이 나라를 지키도록 하십시오."

말을 마친 서낭신은 거짓말처럼 금세 사라져 버렸어요.

이윽고 안동에 도착한 최명길은 부랴부랴 좌수 집을 찾아갔어요. 그러나 좌수 집은 이미 초상집이 되어 있었어요. 대문 밖에서도 울음소리가 들렸지요.

최명길은 대문 안으로 들어서며 좌수에게 외쳤어요.

"따님을 살릴 수 있습니다. 그러니 안심하시고 어서 따님 방으로 가시지요."

"그게 정말입니까? 무슨 일인지 아침까지 멀쩡하던 애가 갑자기 죽었습니다. 제발 딸아이를 살려 주십시오."

좌수는 지푸라기라도 잡는 심정으로 최명길을 딸의 방으로 데리고 갔어요. 방 안에서는 서낭신이 좌수의 딸 옆에 앉아서 딸의 목을 누르고 있었어요.

최명길이 방 안으로 들어서며 '어험' 하고 헛기침을 하자, 서낭신은 좌수 딸의 목에서 손을 떼고 일어나 공손히 인사를 했어요.

"이제 오십니까? 그러면 저는 이만 돌아가겠습니다."

서낭신은 좌수 딸의 방에서 나오더니 바람처럼 사라졌어요.

최명길이 좌수에게 물었어요.

"문경새재 서낭당에서 가져온 비단이 있지요?"

"아니, 그걸 어떻게……."

"어서 그것을 불에 태우고 정성껏 음식을 차려 서낭신께 제사를 올리십시오. 그러면 따님이 다시 살아날 것입니다."

좌수는 곧 최명길이 시키는 대로 했어요. 그러자 기적처럼 죽었던 딸이 다시 살아났지요. 기쁨의 눈물을 흘리는 좌수에게 최명길이 말했어요.

"이번 일은 좌수께서 서낭당의 비단을 훔쳐 와 서낭신의 노여움을 샀기 때문입니다. 서낭신을 위해 서낭당을 크게 지어 준다면 앞으로 집안에 병을 앓는 사람이 없을 겁니다."

좌수는 최명길이 일러 준 대로 서낭당을 크게 지었어요. 그 뒤부터 좌수 집에는 감기 한 번 앓는 사람이 없었어요. 그리고 서낭신의 말대로 최명길은 훗날 영의정이 되었고, 병자호란이 일어났을 때 큰 공을 세웠답니다.

자신에게 바친 비단을 훔친 일로 사람을 죽이려고 하다니, 서낭신이 참 무섭죠? 하지만 거기에는 다 이유가 있어요.

여러분도 길가나 산에 오르다가 돌무더기나 돌탑을 한 번쯤 보았을 거예요. 우리 조상들은 돌무더기나 돌탑을 쌓고 거기에 소원을 빌었어요.

돌무더기나 돌탑에 작은 돌멩이를 하나 얹는다고 생각해 보세요. 혹시라도 다른 사람이 쌓아 놓은 돌을 떨어뜨리지 않을까 조심스러워지겠죠? 돌을 쌓으며 소원을 빌려면 그만큼 정성을 들여야 하는 거예요. 그러니 다른 사람의 소원을 함부로 건드린 좌수에게 문경새재 서낭신이 불같이 화를 낼 만도 하지요.

이 돌무더기 옆에는 조그만 집을 지었는데, 이것이 바로 서낭당이에요. 서낭당 옆에는 보통 오래된 나무 한 그루도 함께 있어요. 사람들은 이 나무에 마을을 지키는 신이 깃들어 있다고 믿고 제사를 지냈지요. 그래서 이런 나무를 신성한 나무라는 뜻에서 '신수' 또는 '당산나무'라고 불렀어요.

때때로 이 나무에 오색 헝겊을 걸어 두었는데 이러한 풍습을 '물색'이라고 해요. 물색은 신의 땅이라는 표시이기도 하지만, 아이들이 오래 살기를 바라는 부모나 장사가 잘되기를 바라는 상인들이 소원을 빌며 묶어 놓은 것이기도 해요.

그런가 하면 물색은 신혼부부와 관련이 있기도 해요. 한 마을의 처녀가 다른 마을로 시집을 갈 때면 색깔 없는 헝겊을 서낭당에 던졌어요. 이것은 신부 집의 신이 신부를 따라 신랑 집으로 가지 못하게 막으려는 풍습이었어요.

서낭당은 보통 마을 어귀에 있는데, 그 마을에 질병이나 재앙이 들어오지 못하도록 막아 주면서 다른 마을과의 경계 역할을 했어요. 또한 고갯마루나 길가에 서 있는 서낭당은 길 떠난 사람들이 찾아와서 여행이 무사히 끝나기를 비는 곳이기도 했답니다.

개구리 울음소리로 점을 쳤다고요?

개구리는 개굴개굴 울음소리로 봄이 오는 것을 알려주는 동물이에요. 그런데 개구리가 그 해의 농사가 잘될지 안될지도 미리 알려주었다고 해요. 그게 정말인가요?

개구리는 알에서 올챙이로, 올챙이에서 개구리로 여러 번 모습이 바뀌어요. 그래서 우리 조상들은 개구리를 신비하고 신성한 동물로 믿었어요. 이러한 믿음은 부여 금와왕의 탄생 신화에서도 찾아볼 수 있지요.

부여를 세운 해부루 왕은 오랫동안 자식이 없었어요. 그러던 어느 날, 왕이 말을 타고 곤연이라는 연못을 지나는데 웬일인지 말이 연못가의 큰 돌을 보고 눈물을 흘리더래요. 왕이 이상하게 여겨 신하들에게 그 돌을 굴리게 했더니 그 밑에 금빛 개구리 모양을 한 아기가 있었어요. 왕은 그 아기를 하늘이 내려 준 선물로 알고, '금와'라고 이름을 지은 뒤 자식으로 삼았어요. 금와는 금빛 개구리라는 뜻인데, 개구리가 신화에 나온 것은 당시에 개구리를 신성한 동물로 생각했기 때문이지요.

우리 조상들은 경칩 무렵이 되면 개구리 울음소리로 올 한 해 농사가 풍년

어숭이와 개구리

이 들지 흉년이 들지 점을 치기도 했어요. 경칩은 24절기 중 하나로, 개구리가 겨울잠에서 깨어나 땅에 올라온다는 날이에요. 보통 3월 5일 즈음이지요.

개구리 울음점은 지역마다 조금씩 다른데, 경기도 광주에서는 경칩날 개구리 울음소리를 누워서 들으면 일 년 내내 몸이 아프고, 앉아서 들으면 건강하다고 믿었대요.

신사임당의 그림이에요. 그 옛날 개구리는 산과 들 어디서나 볼 수 있었지요.

우리 조상들은 개구리가 복을 가져다주고 좋은 일이 생기게 해 주는 동물이라고 믿었어요.

개구리 장식 노리개

개구리 모양 연적

재앙으로부터 마을을 지켜 주는 장승

암행어사 박문수가 경상도로 가기 위해 남대문 밖을 막 나서고 있었어요. 그때 키가 아주 크고 눈이 부리부리한 낯선 남자가 다가오며 말을 건넸어요.

　"자네가 박문수 맞지? 경상도로 가는 길인가?"

　낯선 남자의 느닷없는 질문에 박문수는 당황했어요. 그래서 슬쩍 곁눈질하여 남자의 인상을 살피고는 대답을 했어요.

　"그렇다네. 그러는 자네는 어디로 가는 길인가?"

　"나도 자네가 가는 방향과 같네. 우리 길동무나 하지."

　박문수는 처음 보는 사람이 친한 척 말을 거는 것이 어색하고 어이가 없었지만, 기분 나쁜 기색은 하지 않았어요.

　"길동무를 하기로 했으니 이름이라도 알아야 하지 않겠나?"

　"나? 성은 장이고, 이름은 승식일세."

　남자는 자신의 이름을 말하더니 성큼성큼 앞서 나갔어요. 박문수가 숨이 턱에 찰 정도로 쫓아가야 겨우 보조를 맞출 만큼 큰 걸음이었지요. 그렇게 여러 날을 걸어서 두 사람은 경상도 풍기라는 곳에 도착했어요.

마을에 도착한 두 사람의 눈에 가장 먼저 띈 것은 어느 기와집이었어요. 마당에는 널따란 천막이 쳐 있고 사람들이 바쁘게 왔다 갔다 하는 것이 언뜻 보기에 초상집 같았지요.

"우리 저 집으로 가서 무슨 일인지 알아나 보세."

장승식은 냉큼 박문수의 손을 잡아끌었어요. 그러고는 기와집으

로 들어가서 큰 소리로 주인을 불렀어요.

"이보시오, 주인장. 장례라도 치르려고 하시는가?"

"장례는 아니고 몇 해 전 돌아가신 아버님의 묘를 옮기려고 합니다. 집안에 자꾸 안 좋은 일이 생겨서요."

"허허, 이를 어쩌나. 아버님 묘에는 아버님 시신이 없다네."

"뭐야? 체면 생각해서 대거리해 주었더니 못 하는 말이 없구나. 여봐라, 이놈을 당장 끌어내라."

"잠깐, 내 말을 못 믿겠다면 나와 내기를 합시다. 만일 아버님 묘에 시신이 없다면 내게 백 냥을 주시오. 나는 목숨을 내놓겠소."

장승식이 목숨까지 내걸고 내기를 제안하자 화를 내던 주인이 조금 누그러졌어요. 주인은 하인들을 데리고 곧장 산소로 올라가 아버지의 묘를 파기 시작했지요.

"아니, 이럴 수가."

주인은 너무 놀라 땅바닥에 털썩 주저앉고 말았어요. 장승식의 말대로 아버지의 시신이 없었기 때문이에요.

"이보시게, 제발 우리 아버님 시신을 좀 찾아주시게나."

"이곳에서 서른 걸음 뒤로 가면 찾을 수 있을 겁니다."

장승식이 자신 있게 말했어요. 하인들은 장승식이 말한 자리를 다시 파 보았어요.

"있습니다, 있어요!"

땅을 파던 하인들이 소리쳤어요. 그때 장승식이 한 곳을 가리키며 다시 말했어요.

"자, 다른 데로 옮길 필요 없이 이쯤에다 묘를 쓰시게나."

주인과 하인들은 장승식이 알려 준 곳에다 묘를 쓰고, 장승식은 내기에 이겨 백 냥을 받았어요.

"자네 돈 버는 재주는 타고났네그려. 충청도에서도 내기로 이백 냥을 벌더니만."

"뭐 재주랄 것이 있나. 이 돈도 자네가 좀 보관해 주게나."

장승식은 백 냥을 박문수에게 맡겼어요.

다시 길을 떠난 두 사람은 큰 고개를 넘게 되었어요.

"우리 여기서 그만 헤어지세. 내 걱정은 말고 부지런히 걷게나."

장승식은 급한 일이 있는 사람처럼 총총히 사라졌어요. 할 수 없이 박문수는 혼자서 고개를 넘었지요.

　박문수가 고갯마루에 올라서려고 할 때였어요. 한 소녀가 등불을 켜 놓고 기도를 하고 있었어요.
　"장승님, 부디 아버지를 살려 주십시오."
　소녀의 앞에는 키가 큰 장승이 서 있었어요. 그런데 가만히 보니 그 장승은 어디서 많이 본 듯했어요.
　"이상하네. 저 얼굴은 장승식인데……."
　박문수는 고개를 갸웃거리며 한 번 더 장승을 보았어요. 그랬더니 장승이 박문수를 보고 씩 웃는 것이 아니겠어요?

그제야 박문수는 모든 것을 알아차렸어요. 장승식은 바로 이 마을의 장승이었고, 소녀를 도와주려고 자신을 이곳까지 안내했다는 사실을 말이에요.

"이보게, 장승. 걱정하지 마시게. 내가 잘 해결해 줄 터이니."

박문수는 장승을 올려다보며 인사를 건넸어요. 그러고는 소녀에게 다가가서 사정을 들어보았어요.

"저의 아버지는 관청에서 일하는 심부름꾼인데, 심부름을 하는 도중에 나랏돈 삼백 냥을 잃어버려서 옥에 갇히고 말았습니다. 돈을 갚으면 아무 문제가 없겠으나 그 많은 돈을 구할 길은 없고, 해서 장승님께 백일기도를 드리는 중이었지요. 그런데 내일까지 그 돈을 갚지 못하면 아버님은……."

소녀는 말을 잇지 못하고 눈물을 흘렸어요. 그러자 박문수는 자신이 암행어사임을 밝히고 장승을 만난 이야기를 해 주었어요.

"아무 걱정하지 마시오. 내게 장승이 준 삼백 냥이 있으니까. 이 돈으로 아버지를 구할 수 있을 것이오."

박문수는 소녀를 달래주고는 고개를 내려갔어요. 물론 다음 날 아침 관가로 찾아가서 소녀의 아버지를 구했고요.

소녀의 간절한 기도를 들어준 장승의 이야기가 감동적이죠?

장승은 기다란 나무나 돌에 사람의 얼굴을 새겨서 세워 놓은 것이에요. 대부분 남자와 여자 한 쌍이 세워지는데, 남자는 머리에 관리들이 쓰는 모자를 쓰고 여자는 족두리를 쓴 모습이 많아요. '천하대장군', '지하여장군'이라고 이름을 써서 남자와 여자를 구분하기도 하지요.

장승은 주로 마을 입구나 길가에 서 있어요. 그런데 장승의 얼굴을 가만히 들여다보면 왠지 무서운 느낌이 들기도 해요. 부리부리한 두 눈에 툭 튀어나온 눈망울, 뭉툭한 코에 이를 다 드러내고 호통을 치는 듯한 입…….

장승을 이렇게 무섭게 만든 이유는 마을로 들어오는 나쁜 귀신과 재앙을 막아내기 위해서였어요. 무서운 얼굴을 하고 있어야 나쁜 귀신들이 얼씬도 하지 않을 거라고 믿었던 것이죠.

장승은 서 있는 장소에 따라 그 역할이 조금씩 달라요. 마을 입구에 세워진 장승은 마을을 지키는 신으로, 나쁜 귀신이나 재앙이 마을로 들어오지 못하도록 막아줘요. 마을과 마을 사이에 세워진 장승은 두 마을을 구분하는 경계 표시이면서 사람을 만날 때 약속 장소로 이용되기도 하지요. 또 길가에 세워진 장승은 주로 방향을 알려 주는 푯말의 역할을 했어요.

이러한 역할을 하는 장승은 때때로 솟대와 함께 서 있기도 해요. 솟대란 긴 나무 막대기 끝에 나무로 만든 새를 얹어 놓은 것을 말해요.

솟대는 시대에 따라 조금씩 다른 의미를 지녔어요. 청동기 시대에는 솟대가 신과 통하는 길로 사용되었어요. 부족을 다스리는 족장은 자신의 힘을 나타내기 위해 자신의 뜻이 곧 하늘의 뜻임을 부족 사람들에게 보여주어야 했어요. 그래서 하늘과 통하는 길을 만들어야 했고, 솟대를 이용하게 되었던 것이지요.

그렇지만 솟대는 대개 세 가지의 목적으로 세워졌다고 할 수 있어요. 개인이나 가정의 행복을 기원하고, 마을의 풍년과 평안을 기원하며, 마을의 경계를 표시하기 위해서 세워졌지요. 물론 이 세 가지는 솟대를 세워 나쁜 귀신과 재앙을 막음으로써 얻어진다고 믿었고요.

한편 우리 조상들은 솟대가 하늘과 땅을 연결해 주는 다리라고 생각했어요. 긴 장대는 하늘과 땅을 오가는 통로가 되고, 장대 끝의 새는 땅에 사는 사람들의 소원을 하늘에 있는 신에게 전달하는 존재라고 생각했지요. 새는 하늘과 땅을 자유롭게 날아다니는 동물이니까요.

이렇듯 사람들의 소망을 담은 장승과 솟대를 아무나 무턱대고 만들 수는 없겠지요? 장승이나 솟대를 만들기로 결정된 사람은 몸을 깨끗이 씻고 미리 찍어둔 나무를 베기 전에 산신에게 제사를 올려요. 그런 다음 나무를 베어내어 정성을 다해 장승과 솟대를 만들지요.

하지만 장승이나 솟대를 만들어 세우는 일은 한 사람만의 몫이 아니었어요. 마을 사람 전체가 힘을 모아 세우고 소원을 빌며 제사를 지냈어요.

어느 마을에서나 친근하게 만날 수 있는 장승과 솟대는 누구나 편안하게 다가갈 수 있는 특징이 있어요. 박문수가 만난 소녀처럼 가진 것 없고 힘없는 사람들이 형편에 얽매이지 않고 언제나 찾아가서 빌고 위로를 받을 수 있는 신앙의 대상. 그 대상이 바로 장승과 솟대랍니다.

백두 낭자·한라 도령이 들려주는 동물 신앙 이야기

사슴이 하늘의 뜻을 전해 준다고요?

 신라 시대 왕의 무덤에서 발견된 금관에는 사슴뿔 모양 장식이 화려하게 달려 있어요. 이런 독특한 모양으로 금관을 만든 특별한 이유가 있나요?

사슴의 뿔은 나뭇가지 모양으로 땅을 상징해요. 또 잘라도 다시 자라기 때문에 영원한 생명을 상징하기도 하지요. 그래서 우리 조상들은 사슴을 신성하고 귀한 동물로 받들어 왔어요.

그뿐만이 아니에요. 《선녀와 나무꾼》 이야기를 보면 사슴은 선녀들이 하늘에서 내려오는 시간과 장소를 훤히 알고 있잖아요? 그건 아무도 모르는 비밀인데 말이에요. 이처럼 사슴은 하늘의 비밀까지도 알고 있는 존재로 생각되었어요.

특히 신라 사람들은 사슴이 하늘과 땅을 이어주고, 하늘의 뜻을 전하는 동물이라고 믿었어요. 그래서 왕관에 사슴뿔 모양 장식을 해서 왕이 사슴처

사슴의 뿔은 왕권의 상징이라고 할 수 있어요.

천마총 금관　　　황남대총북분 금관　　　서봉총 금관

럼 하늘의 뜻을 전하는 귀한 존재임을 표현했지요.

또 예부터 사슴을 해치면 나쁜 일이 생긴다는 금기가 있었어요. 고구려의 역사 기록을 살펴볼까요?

- 유리왕 2년 9월에 왕이 서쪽으로 사냥을 나가 흰 노루를 잡았다. 그 해 10월에 온조가 백제를 세웠다.
- 동천왕 15년 7월에 왕이 사냥하다가 흰 사슴을 잡았다. 그 해 11월에 우레와 지진이 있었다.
- 장수왕 2년 10월에 왕이 사천벌에서 흰 사슴을 잡았다. 그 해 12월 서울에 눈이 다섯 자 내렸다.

이 기록들은 모두 신성한 동물인 사슴을 잡으면 불길한 일이 일어난다는 믿음을 보여주고 있답니다.

부엌에도 화장실에도 있는
가신

순덕이네 집은 마을 사람들이 함께 쓰는 우물가 옆에 있어요. 오늘도 그 집에서는 카랑카랑한 목소리가 담을 넘고 있어요.

"어멈아, 어멈아. 도대체 어디 간 게냐!"

그 목소리의 주인공은 호랑이 할머니로 소문난 순덕이 할머니였지요. 순덕이 할머니는 성격이 어찌나 고약한지 하나라도 마음에 들지 않는 것이 있으면 새벽이건 밤이건 가리지 않고 소리를 버럭 질렀어요.

그런 할머니의 성격 때문에 제일 고생이 심한 사람은 순덕이 엄마였어요. 시집살이가 보통이 아니어서 동네 사람들 모두 혀를 끌끌 차며 순덕이 엄마를 가여워했지요.

"아니, 장맛이 왜 이러냐? 텁텁하고 쓴맛이 나잖니?"

순덕이 할머니가 밥상 위에다 숟가락을 탁 놓으며 화를 내셨어요. 할머니가 먼저 수저를 드실 때까지 기다리던 식구들은 바짝 긴장하고 할머니 눈치를 살폈지요.

"도대체 집안이 어떻게 되려고 이 모양이냐? 장맛이 좋으면 그 집안이 흥하고, 장맛이 달지 않으면 그 집안은 망한다는 옛말도 모르는 게야? 쯧쯧쯧. 집안이 잘되려면 며느리가 잘 들어와야 하는데 어찌……."

할머니의 목소리는 점점 더 높아졌어요. 순덕이 엄마가 계속 잘못을 빌었지만, 할머니의 화는 좀처럼 누그러지지 않았어요. 그 바람에 식구들은 배고픔을 꾹 참아야 했지요.

"어머님, 밥상을 다시 차려 오겠습니다."

순덕이 엄마는 울상이 되어 얼른 부엌으로 향했어요.

부엌으로 들어선 순덕이 엄마의 두 눈에서는 하염없이 눈물이 흘러내렸어요. 시어머니에게 꾸중을 듣는 일이 처음은 아니지만, 시어머니의 말씀이 오늘따라 가슴을 콕콕 찔렀기 때문이에요.

순덕이 엄마는 부뚜막에 앉아서 소리 없이 눈물을 훔쳤어요.

"그나저나 이거 참 이상하네. 장맛이 왜 변한 걸까? 내가 무슨 수로 장맛을 바꾸어 놓지?"

그때였어요. 순덕이 엄마의 긴 한숨 사이로 어디에선가 낯선 소리가 들려왔어요.

"장맛이 변한 것은 철륭 때문이에요. 철륭이 화났거든요."

순덕이 엄마는 깜짝 놀라 주위를 두리번거렸어요. 하지만 도둑고양이 한 마리도 보이지 않았어요.

"놀라지 마세요. 나는 당신과 가장 가까운 조왕신이에요. 당신이 우는 모습을 늘 지켜보았죠."

"조왕신님, 제발 저를 좀 도와주세요."

"지금부터 내 말을 잘 들으세요. 먼저 장독대로 가서 장독들을 깨끗이 씻고, 쥐가 갉아먹은 새끼줄도 다시 만들어 걸고, 곰팡이 핀 흰 버선도 바꾸어 놓으세요. 그런 다음 철륭신에게 정성껏 제사를 올리세요. 철륭이 화를 풀면 장맛이 맛있게 변할 거예요."

순덕이 엄마는 조왕신에게 두 손을 모아 감사하다는 인사를 하고는 곧바로 장독대로 가 보았어요.

"에구머니나!"

장독대는 조왕신의 말대로 엉망이었어요. 장독에 걸어놓은 새끼줄은 너덜너덜 해져 있고, 흰 버선은 곰팡이가 피어서 여간 지저분한 게 아니었지요.

'장독대를 지키는 철륭신이 화를 내실 만도 하구나.'

순덕이 엄마는 얼른 장독대부터 청소하기 시작했어요. 장독을 깨끗이 씻고 빨간 고추와 솔가지를 매단 새끼줄을 다시 걸었어요.

그러면 나쁜 귀신을 쫓을 수 있으니까요. 그리고 흰 버선도 새것으로 갈아서 거꾸로 매달아 놓았어요. 흰색이 빛을 반사하면 노래기 같은 벌레들이 장독으로 올라오지 않거든요.

이렇게 장독대 청소를 끝낸 순덕이 엄마는 옷차림을 단정하게 하고 정성껏 기도를 드렸어요.

"철륭님, 제발 화를 푸시고 장맛을 잘 지켜 주세요!"

이 이야기에서처럼 우리 조상들은 집 안 곳곳에 그곳을 지키는 신이 있다고 믿었어요. 집안을 지키는 신을 '가신'이라고 하는데, 가신들을 잘 모셔야 집안이 평안하다고 생각했지요.

그러면 가신들을 하나하나 만나보도록 할까요?

가신 가운데 으뜸은 '성주신'이에요. 성주는 사람들에게 처음으로 집 짓는 법을 가르쳐 준 신으로, 집안 구석구석을 보살피지요. 성주는 보통 안방의 대들보나 대청마루에 모셔요. 대들보는 집에서 높은 곳이고 대청마루는 집의 한가운데에 있기 때문이에요.

성주를 모시는 방법은 지방마다 조금씩 다르지만, 보통은 항아리에 쌀을 담아 성주를 모셔요. 새집을 짓거나 이사를 하면 성주를 새로 모셔야 하는데, 이 일은 집안의 가장이 맡아요. 만약 가장이 죽으면 그 큰아들이 성주를 새로 모셔야 했지요.

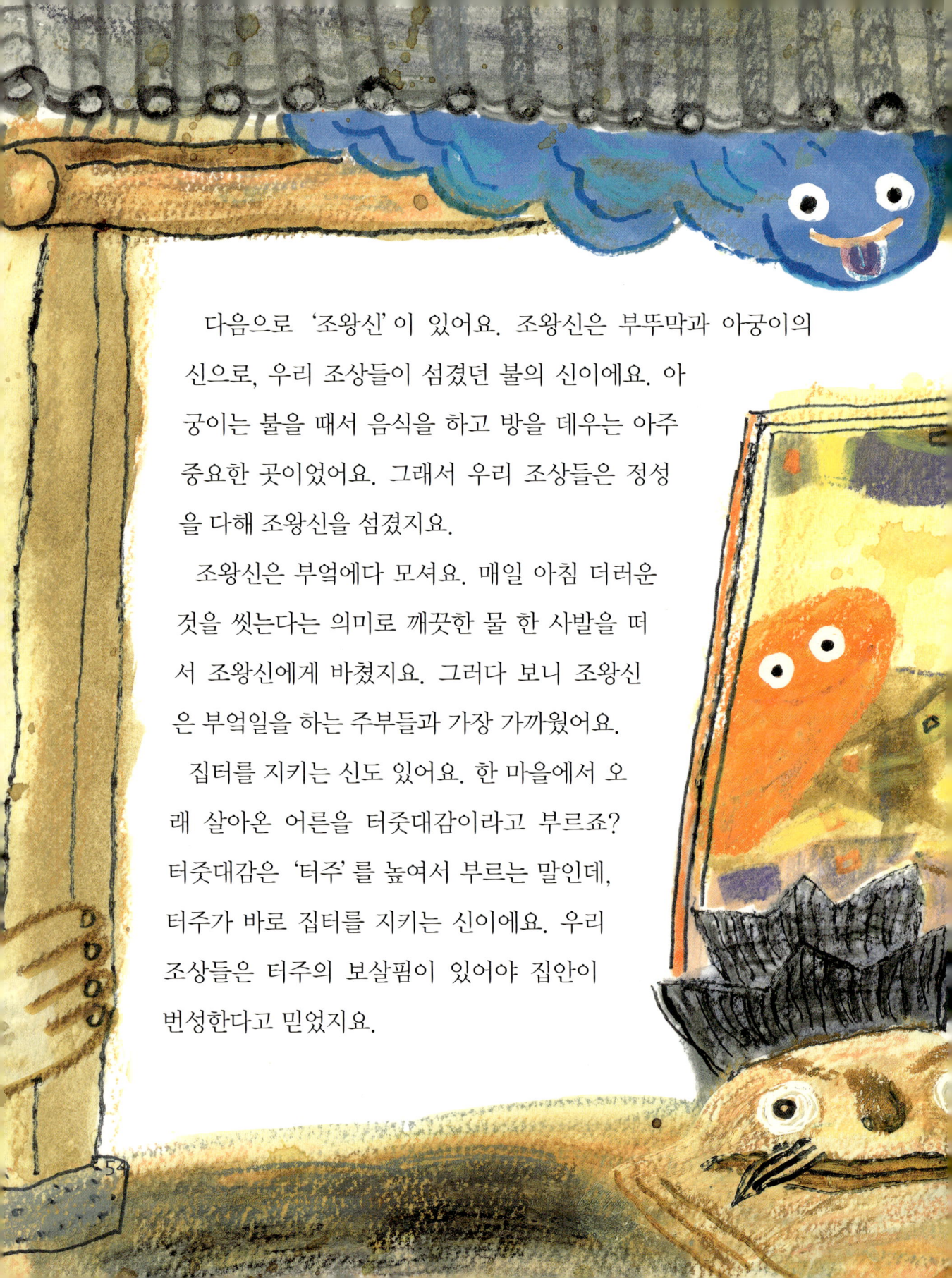

　다음으로 '조왕신'이 있어요. 조왕신은 부뚜막과 아궁이의 신으로, 우리 조상들이 섬겼던 불의 신이에요. 아궁이는 불을 때서 음식을 하고 방을 데우는 아주 중요한 곳이었어요. 그래서 우리 조상들은 정성을 다해 조왕신을 섬겼지요.

　조왕신은 부엌에다 모셔요. 매일 아침 더러운 것을 씻는다는 의미로 깨끗한 물 한 사발을 떠서 조왕신에게 바쳤지요. 그러다 보니 조왕신은 부엌일을 하는 주부들과 가장 가까웠어요.

　집터를 지키는 신도 있어요. 한 마을에서 오래 살아온 어른을 터줏대감이라고 부르죠? 터줏대감은 '터주'를 높여서 부르는 말인데, 터주가 바로 집터를 지키는 신이에요. 우리 조상들은 터주의 보살핌이 있어야 집안이 번성한다고 믿었지요.

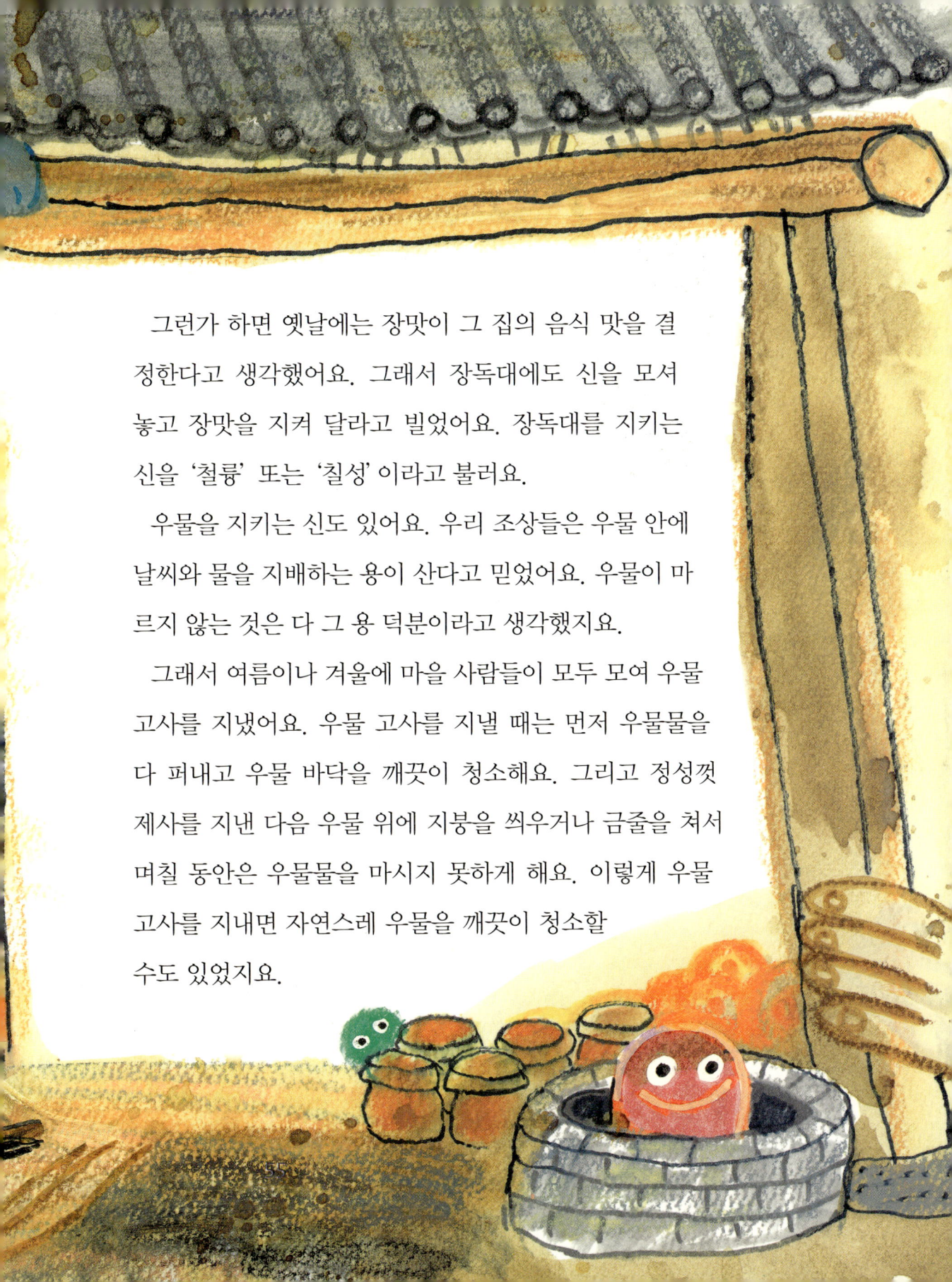

 그런가 하면 옛날에는 장맛이 그 집의 음식 맛을 결정한다고 생각했어요. 그래서 장독대에도 신을 모셔 놓고 장맛을 지켜 달라고 빌었어요. 장독대를 지키는 신을 '철륭' 또는 '칠성'이라고 불러요.

 우물을 지키는 신도 있어요. 우리 조상들은 우물 안에 날씨와 물을 지배하는 용이 산다고 믿었어요. 우물이 마르지 않는 것은 다 그 용 덕분이라고 생각했지요.

 그래서 여름이나 겨울에 마을 사람들이 모두 모여 우물 고사를 지냈어요. 우물 고사를 지낼 때는 먼저 우물물을 다 퍼내고 우물 바닥을 깨끗이 청소해요. 그리고 정성껏 제사를 지낸 다음 우물 위에 지붕을 씌우거나 금줄을 쳐서 며칠 동안은 우물물을 마시지 못하게 해요. 이렇게 우물 고사를 지내면 자연스레 우물을 깨끗이 청소할 수도 있었지요.

혹시 화장실에도 신이 있다는 말을 들어 본 적 있나요? 우리 조상들은 화장실에도 신이 있다고 믿었어요. 바로 '측간 귀신'이나 '변소 각시'라는 신이죠. 그런데 화장실을 지키는 신은 성질이 아주 사납대요. 한번 화가 나면 아무리 용서를 빌어도 화를 잘 풀지 않고 사람에게 해를 입힌다나요? 그래서 어쩌다가 화장실에 신발을 빠뜨리거나 사람이 빠지기라도 하면 제사를 지내어 달랬다고 해요. 또 화장실 문을 열기 전에 헛기침을 몇 번 하는 것도 갑자기 문을 열면 변소 각시가 놀랄까 봐 그러는 거랍니다.

자, 그럼 이제 문으로 가 볼까요? 문에는 복을 들이고 재앙을 막는 '문신'이 있어요. 문은 사람이며 온갖 물건들이 드나드는 통로예요. 그래서 우리 조상들은 문이 좋은 복은

안으로 들이고 재앙은 밖으로 쫓는 역할을 해야 한다고 생각했어요. 그래서 문에 용이나 호랑이를 뜻하는 글자를 써서 붙이거나, 무시무시한 장군의 얼굴을 그려 붙였지요.

　어떤 경우에는 글자나 그림 대신 복조리, 엄나무, 북어 등을 문에다 매달아 놓기도 했어요. 복조리는 복을 건진다는 뜻이고, 가시가 돋친 엄나무는 가시로 나쁜 귀신을 겁주기 위한 것이에요. 북어는 집주인 대신 재앙을 받으라는 뜻으로 걸어 두었고요.

　이 밖에도 가신에는 소를 지키는 '쇠구영신'이나 굴뚝을 지키는 '장군신' 등도 있어요.

　이처럼 가신들은 지키는 장소에 따라 제각각 이름이 달라요. 하지만 모두 소박하고 정겨운 우리 조상들의 마음을 엿볼 수 있는 신앙의 대상들이랍니다.

백두 낭자·한라 도령이 들려주는 동물 신앙 이야기

뱀이 재물을 가져다준다고요?

신라의 시조 임금 박혁거세가 묻혀 있다는 경주의 신라 오릉에는 뱀과 관련된 신비한 전설이 내려오고 있어요. 어떤 이야기일지 궁금하지 않나요?

신라를 세운 박혁거세가 죽어 하늘로 올라간 지 7일 뒤의 일이에요. 하늘에서 박혁거세의 몸이 다섯으로 나뉘어 땅으로 떨어졌지요. 놀란 백성들이 임금의 몸을 한데 모아 묻으려고 하니, 큰 뱀이 쫓아와 이를 방해하지 뭐예요? 그래서 다섯 개의 무덤을 만들어 임금의 몸을 따로 묻었어요. 이것이 바로 지금의 오릉인데, 뱀 사(蛇) 자를 써서 사릉이라고도 불러요.

경주 신라 오릉

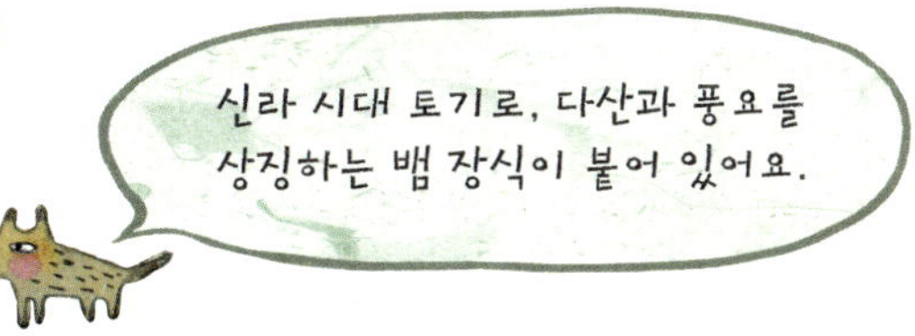

신라 시대 토기로, 다산과 풍요를 상징하는 뱀 장식이 붙어 있어요.

이 이야기에서 뱀은 나라가 풍요롭고 자손이 많기를 기원하는 동물로 나와요. 뱀은 한 번에 6~30개, 많게는 100개까지 알을 낳거든요. 그래서 이런 믿음이 생겼을 거라고 봐요.

또 우리 조상들은 뱀이 재물을 가져오는 신이라고 생각했어요. 여러 가신 중에 재물을 관리하는 가신을 '업'이라고 부르는데, 뱀을 바로 그 업으로 모신 거지요.

그런데 업은 원한다고 해서 무조건 모실 수 있는 것이 아니에요. 업이 바깥에서 집 안으로 스스로 들어와야만 모실 수 있거든요. 또 업이 나가면 그 집안은 재산이 줄고 곧 망한다고 믿었어요. 그래서 옛사람들은 집으로 들어온 뱀을 함부로 내쫓거나 죽이지 않았답니다.

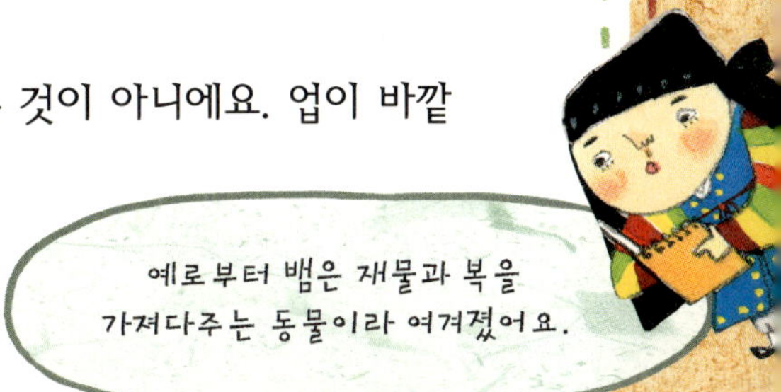

예로부터 뱀은 재물과 복을 가져다주는 동물이라 여겨졌어요.

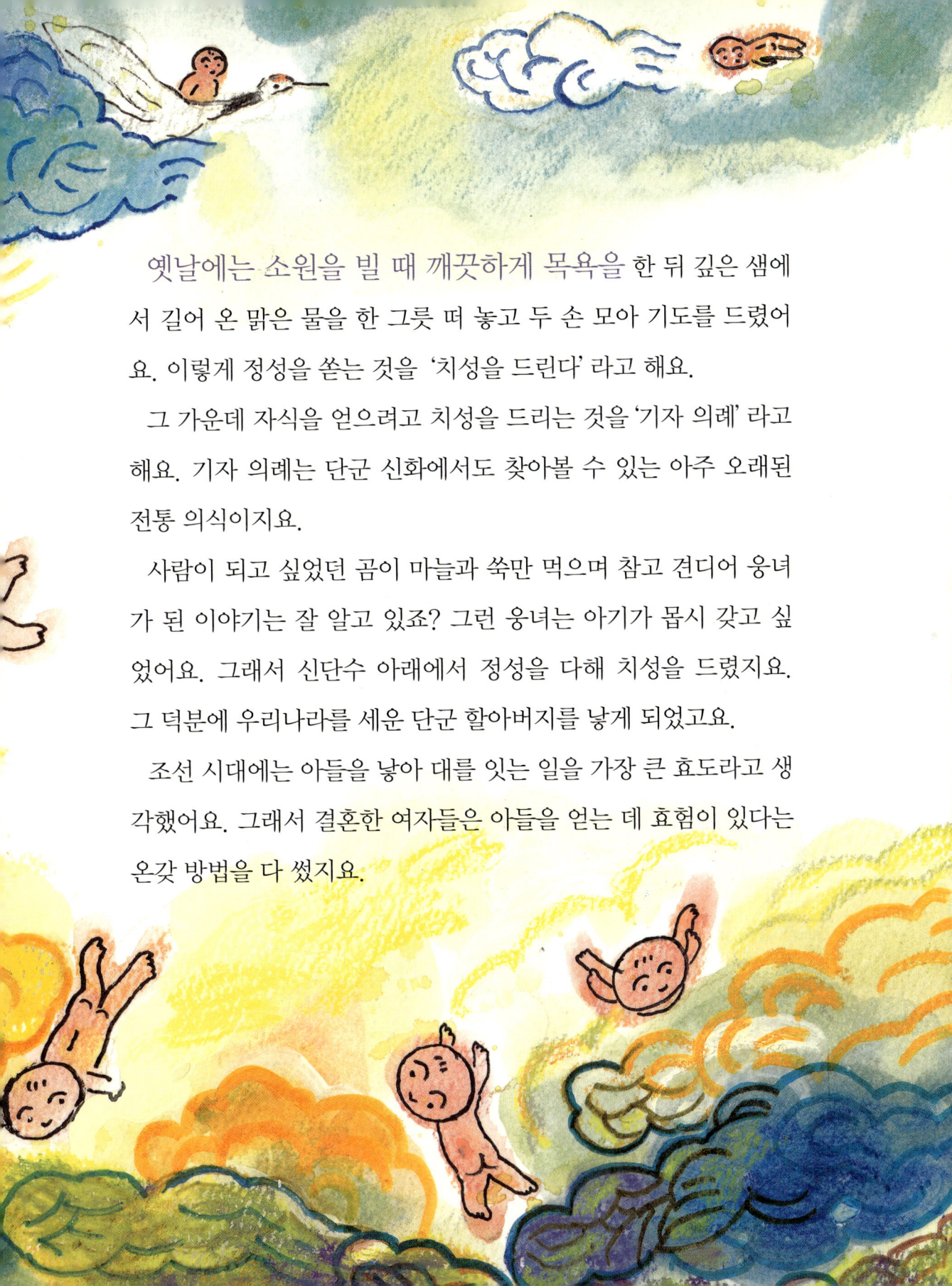

옛날에는 소원을 빌 때 깨끗하게 목욕을 한 뒤 깊은 샘에서 길어 온 맑은 물을 한 그릇 떠 놓고 두 손 모아 기도를 드렸어요. 이렇게 정성을 쏟는 것을 '치성을 드린다' 라고 해요.

그 가운데 자식을 얻으려고 치성을 드리는 것을 '기자 의례' 라고 해요. 기자 의례는 단군 신화에서도 찾아볼 수 있는 아주 오래된 전통 의식이지요.

사람이 되고 싶었던 곰이 마늘과 쑥만 먹으며 참고 견디어 웅녀가 된 이야기는 잘 알고 있죠? 그런 웅녀는 아기가 몹시 갖고 싶었어요. 그래서 신단수 아래에서 정성을 다해 치성을 드렸지요. 그 덕분에 우리나라를 세운 단군 할아버지를 낳게 되었고요.

조선 시대에는 아들을 낳아 대를 잇는 일을 가장 큰 효도라고 생각했어요. 그래서 결혼한 여자들은 아들을 얻는 데 효험이 있다는 온갖 방법을 다 썼지요.

특히 정성을 다해 삼신할머니에게 치성을 드렸어요. 삼신할머니는 아기를 점지해 주고 길러 주는 신이거든요. 그럼 다음 이야기를 한번 들어 보세요.

감나무골 최 부자에게는 큰 근심거리가 있었어요. 하나밖에 없는 아들이 결혼한 지 십 년이 넘도록 자식을 얻지 못했거든요.

"아들 내외가 자식만 얻을 수 있다면 내 재산을 몽땅 털어도 아까울 게 없는데……."

최 부자는 언제나 입버릇처럼 중얼거렸어요. 자식을 얻는 일은 아무리 재산이 많아도 어찌할 수 없는 일이었지요.

사정이 이렇다 보니 최 부자네 며느리는 죄인처럼 하루하루를 지냈어요. 그러다가 동네 사람들이 자신을 두고 수군거리는 소리를 듣는 날에는 정말 죽고 싶은 마음이 들었지요.

"최 부자는 마음도 넓어. 시집온 지 10년이 지나도록 자식 소식 없는 며느리를 여태 데리고 사니 말이야."

"누가 아니래. 자식을 못 낳으면 쫓겨나도 할 말이 없지."

최 부자네 며느리는 그동안 아들을 낳을 수 있다고 해서 돌부처의 코를 갈아 마시기도 하고, 자식을 많이 둔 집의 숟가락을 훔쳐다가 베개 밑에 감추어 두기도 했어요.

어디 그뿐인가요? 비석에 새겨진 글자 가운데 아들과 관련된 '자(子)', '남(男)' 같은 글자를 파내어 그 가루를 먹기도 했어요. 또 붉은 고추나 알밤을 주머니에 넣어 치마 속에 차고 다니기도 했고요. 물론 아기를 내려 준다는 삼신할머니, 달님, 당산나무, 바위 등에 치성을 드리는 일도 빼놓지 않았지요.

하지만 아기는 생기지 않았어요. 고심 끝에 최 부자네 며느리는 다시 한번 백일기도를 올리기로 했지요.

'마지막 백일기도가 될 것 같아. 제발 이번만은 삼신할머니께서 내 정성을 받아주셨으면…….'

최 부자네 며느리는 소원이 간절한 만큼 마음속으로 모진 결심을 했어요. 시부모님과 남편 앞으로 편지까지 써 놓았지요.

"비나이다, 비나이다. 삼신할머니께 비나이다. 제 목숨을 바쳐도 좋으니 부디 아기 하나만 갖게 해 주옵소서!"

최 부자네 며느리는 삼신할머니에게 빌고 또 빌었어요. 저고리가 땀으로 흠뻑 젖고 무릎이 빨갛게 까졌지만 아랑곳하지 않고 계속 기도를 올렸어요.

하루, 이틀……. 어느덧 백일기도의 마지막 날이 되었어요. 최 부자네 며느리는 창백한 얼굴로 잠자리에 들었지요.

'어쩌면 오늘이 시댁에서 지내는 마지막 날이 될지도 몰라. 이제 더는 버틸 힘이 없어. 시부모님 뵐 낯도 없고.'

최 부자네 며느리는 마음이 무거워서 좀처럼 잠을 이룰 수가 없었어요. 이런저런 생각들이 떠올라 자꾸만 눈물이 흘렀어요.

다음 날 아침이 되었어요. 그런데 무슨 일인지 최 부자네 며느리의 얼굴빛이 여느 때보다 환해 보였어요. 밤새 걱정으로 잠을 설친 얼굴이라고 하기에는 믿어지지 않을 정도였지요.

 최 부자네 며느리는 새벽녘에 잠깐 꾸었던 꿈 이야기를 남편에게 털어놓았어요.
 "여보, 제가 어젯밤에 꿈을 꾸었는데요, 글쎄 둥근 보름달을 꿀꺽 삼켰지 뭐예요? 아유, 얼마나 놀랐던지……."
 "그게 정말이오? 내 생각엔 아무래도 태몽인 것 같소. 당신의 지극한 정성 덕분에 삼신할머니가 아기를 내려 주시려나 보오."

남편은 부인의 손을 덥석 잡으며 반가운 마음을 전했어요. 아무리 생각해 봐도 그 꿈은 태몽 같았거든요. 태몽은 아기를 갖게 되는 꿈이에요.

최 부자네 며느리는 곧 깨끗한 자루에다 햅쌀을 넣어 삼신 주머니를 만들었어요. 그러고는 안방의 시렁에다 삼신 주머니를 정성껏 모셨지요.

원래 삼신할머니는 한 집안을 돌봐 주는 가신 중 한 명이에요. 하지만 다른 가신들과는 달리 항상 집 안에 머무는 것이 아니어서 필요할 때마다 따로 모셔야 하거든요.

"삼신할머니, 정말 고맙습니다. 앞으로도 우리 아기가 배 속에서 잘 자라고 또 무사히 태어나게 돌봐 주세요."

최 부자네 며느리는 삼신할머니에게 감사의 기도를 올렸어요. 그리고 곧 태교를 시작했어요.

아기를 가지면 그 어느 때보다도 말과 행동을 조심하고 몸가짐을 단정히 해야 하거든요. 아기에게 좋은 영향을 주기 위해서 말이에요. 이것을 '태교'라고 하지요.

최 부자네 며느리는 시부모님으로부터 다음과 같은 가르침을 받았어요.

"귀한 아기를 낳으려면 늘 아름다운 것만 보고 좋은 것만 생각해야 한단다. 아이의 성품은 배 속에 있는 열 달 동안 어머니의 행동과 마음가짐에 따라 결정되거든."

"부부가 함께 좋은 일을 많이 하고, 절대로 남을 헐뜯거나 미워하지 않도록 해라."

"음식은 가려 먹고, 이가 빠진 그릇에는 음식을 먹지 마라. 약 또한 함부로 먹지 말아야 한다."

"네, 아버님, 어머님."

최 부자네 며느리는 시부모님의 말씀처럼 아무 음식이나 함부로 먹지 않았어요. 싱싱하고 모양이 반듯한 것만 골라 먹었고, 아기를 가졌을 때 먹지 말라는 음식은 입에도 대지 않았지요.

"자, 어서어서 서둘러라. 정성을 다해야 하는 거 잊지 말고."

최 부자가 일하는 사람들을 재촉하며 마당을 서성거렸어요. 며느리가 곧 아기를 낳을 예정이거든요.

아기가 태어날 날이 다가오면 아기를 낳을 방의 방문에 창호지를 새로 바르고 금줄도 만들어야 했어요. '금줄'이란 아기를 낳으면 대문에다 걸어 두는 새끼줄이에요. 낯선 사람이나 나쁜 귀신이 함부로 집 안에 들어오지 못하게 하려고 쳐 놓는 것이지요.

최 부자네 며느리가 아기를 낳을 방안에는 삼신상이 차려졌어요. 삼신상에는 쌀밥, 미역국, 깨끗한 물을 차려 놓는데, 기도를 올린 다음에 아기를 낳은 산모가 먹어요.

삼신상은 주로 아기를 낳은 지 3일, 7일, 14일, 21일이 되었을 때와 아기의 백일, 돌에 차려 놓아요. 그러고는 아기가 아무 탈 없이 잘 자라기를 삼신할머니에게 빌지요. 때때로 생일이나 명절에도 삼신상을 차리는데, 삼신할머니는 보통 아기가 일곱 살이 될 때까지 돌봐 준다고 해요.

삼신할머니는 줄여서 삼신이라고도 부르는데, 삼신은 세 명의 신을 말해요. 세 명의 신이란 사람의 뼈를 만들고, 살을 붙이고, 영혼을 갖게 하는 신이에요. 또는 아기를 갖게 해 주고, 아기를 낳게 해 주고, 아기를 키워 주는 신이라고도 하지요.

이렇게 삼신할머니를 믿는 것은 우리나라 고유의 신앙이에요. 자손이 대대로 이어지기를 바라던 우리 조상들의 간절한 마음이 만들어낸 것이죠. 삼신할머니 신앙에는 생명은 하늘에서 내려주는 것이라고 믿었던 우리 조상들의 겸손한 마음과, 자식이 잘 자라기를 바라는 부모의 정성과 사랑이 담겨 있답니다.

백두 낭자·한라 도령이 들려주는 동물 신앙 이야기

말이 왕의 탄생을 알려준다고요?

신라 시대 무덤인 천마총에서는 하얀 말이 그려진 천마도가 발견되었어요. 그림 속의 말은 갈퀴를 휘날리며 하늘을 달리고 있지요. 정말 신령스럽지 않나요?

말은 아주 오래전부터 사람들이 가축으로 기른 동물이에요. 하지만 다른 가축과는 달리 말은 특별한 의미가 있는 귀중한 존재였어요.

신라의 시조 임금 박혁거세는 하얀 말이 전해준 알에서 태어났어요. 또 고구려의 시조 임금 주몽은 죽어서 말을 타고 하늘로 올라갔지요. 그뿐인가요? 조선의 태조는 서울 동대문 밖에 '마조단'이라는 제단을 지어 말의 수호신에게 제사를 지냈다고 해요.

이처럼 우리 신화와 역사 속에서 말은 왕의 탄생을 알리고, 왕을 지켜 주는 신성한 동물로 나와요. 이는 우리 조상들이 그만큼 말을 신령스럽고 귀하게 생각했다는 뜻이지요.

시간이 흐르면서 말은 지배자의 힘,

예부터 말은 지배자의 권위를 나타내는 상징이었어요.

천마총 천마도

천마도 속의 말은 무덤 주인을 태우고 하늘과 땅을 오가는 신령스런 존재랍니다.

　권력, 권위를 비유하는 표현이 되었어요. 예컨대 '말꼬리에 붙은 파리가 천 리를 간다.'라는 속담은 권력에 아부하는 사람을 빈정거릴 때 사용하지요.
　한편 옛날 전쟁터에서 말은 매우 중요한 역할을 했어요. 무기와 식량을 나르기도 했지만, 그보다는 장수와 한몸이 되어 군사를 이끄는 역할도 했으니까요. 이때의 말은 자기의 주인인 장수에게 충성을 다하는 의리와 충절을 나타낸답니다.
　말과 관련된 풍속도 빼놓을 수 없어요. 전통 혼례식을 보면 신랑이 흰말을 타고 등장해요. 이는 혼례의 신성함을 강조하고, 혼례 장소로 가다가 좋지 않은 일이 생기는 것을 막기 위해서예요. 지배자의 힘을 상징하는 말에 나쁜 귀신을 쫓는 흰색이 합쳐졌으니, 이보다 더 좋을 수 없겠지요?

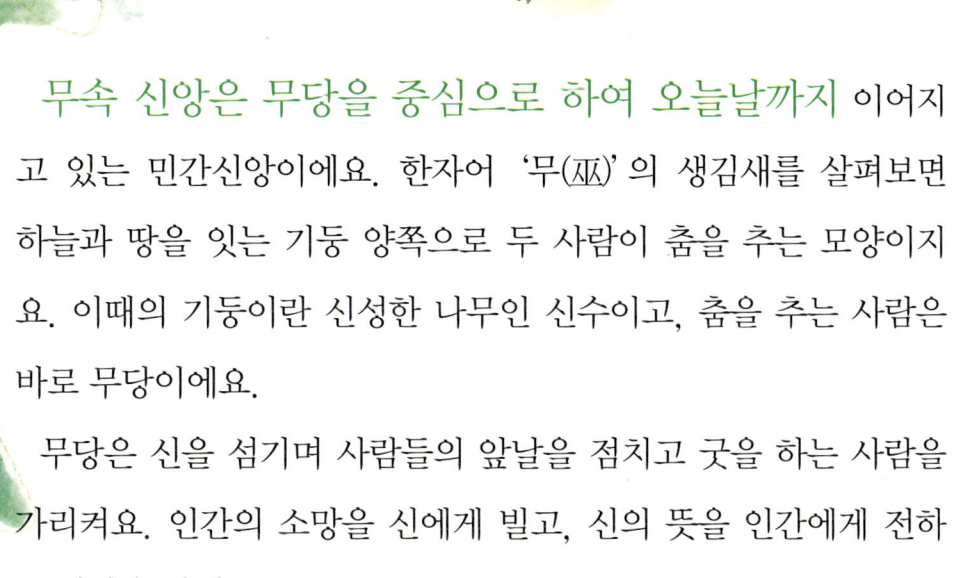

무속 신앙은 무당을 중심으로 하여 오늘날까지 이어지고 있는 민간신앙이에요. 한자어 '무(巫)'의 생김새를 살펴보면 하늘과 땅을 잇는 기둥 양쪽으로 두 사람이 춤을 추는 모양이지요. 이때의 기둥이란 신성한 나무인 신수이고, 춤을 추는 사람은 바로 무당이에요.

무당은 신을 섬기며 사람들의 앞날을 점치고 굿을 하는 사람을 가리켜요. 인간의 소망을 신에게 빌고, 신의 뜻을 인간에게 전하는 역할을 하지요.

무당은 아주 오래전부터 있었어요. 정치와 종교가 나뉘지 않았던 고대에는 왕이 곧 무당(제사장)의 역할을 하며 나라의 제사를 맡았어요. 그러다가 점차 정치와 종교가 나뉘면서 무당은 점을 치거나 굿만 하게 되었지요.

백제의 마지막 왕인 의자왕 때의 일이에요. 백제의 수도 사비성에 이상한 소문이 떠돌았지요.

"대궐에 귀신이 나타났다는 게 사실일까?"

"그렇다네. 나타나기만 한 것이 아니라 큰 소리로 "백제는 망한다!" 하고 외치다가 땅속으로 들어가 버렸대."

"그곳을 파 보았더니 거북 한 마리가 나왔는데, 등에 '백제는 보름달과 같고, 신라는 초승달과 같다.' 라고 적혀 있었다는군."

사람들의 말처럼 사비성에 떠도는 소문은 모두 사실이었어요. 그래서 의자왕은 급히 무당을 불렀지요.

"거북의 등에 적힌 글이 무엇을 뜻하는가?"

"황공하오나, 백제는 보름달과 같아 기우는 일만 남았고, 신라는 초승달이니 앞으로 발전하게 된다는 뜻이옵니다."

"뭐야? 감히 그런 말을 하다니……."

무당의 말을 들은 의자왕은 몹시 화를 내며 그 자리에서 무당을 죽였어요. 하지만 그로부터 얼마 못 가 정말로 백제는 신라에 무릎을 꿇고 멸망하고 말았지요.

점은 신비스러운 힘을 빌려 앞으로 일어날 일을 알아내는 것이에요. 사람들은 자신의 앞날을 미리 알아서 나쁜 일이 생기는 것을 막으려고 점을 보지요.

점은 사람들이 무리를 지어 한곳에 머물러 살면서 농사를 짓기 시작할 때부터 생겼다고 해요. 그때는 짐승의 뿔이나 뼈에 자국을 내고 불에 구워 그 뼈가 그슬렸을 때 나타나는 모양으로 점을 보았어요. 이때 사용하던 뼈를 가리켜 '복골'이라고 하는데, 고대의 여러 무덤에서 발견되고 있어요.

세월이 조금 더 흐른 삼국 시대에는 나라의 큰일을 결정할 때 점을 치기도 했어요. 그래서 점을 보는 사람이 높은 벼슬에 오르기도 했지요. 그때의 점은 주로 자연현상이나 동물의 특이한 행동을 보고 그 뜻을 풀이하는 경우가 많았어요.

조선 시대로 넘어오면 점을 치는 사람이 크게 두 갈래로 나뉘어요. 《주역》이라는 책을 공부해서 점을 치는 경우와 신의 힘을 빌려 점을 치는 경우였죠. 이 가운데 두 번째 경우가 바로 무당의 몫이었어요.

무당은 굿을 벌이기도 해요. 굿은 무당이 제물을 차려 놓고 춤과 노래를 하면서 신에게 기원하는 의식이에요. 인간의 힘으로는 풀 수 없는 일을 신에게 기도해 풀어보려는 것이죠.

그러면 굿은 어떤 때 하게 될까요?

먼저 무당이 자신을 위하여 스스로 굿을 벌이기도 해요. 무당이 되고자 할 때, 신령님을 기쁘게 하여 자신의 신통력을 키우려고 할 때 말이지요.

다음으로 어떤 심각한 고민이나 걱정이 있는 사람이 무당에게 부탁하여 굿을 벌이기도 해요. 대부분의 굿은 이 경우에 해당하는데, 과학이나 의학이 발달하지 않았던 시절에는 많은 일을 신에게 의지하여 풀려고 했어요. 굿은 바로 이러한 사람들의 소망을 이루어 주는 통로가 되었지요.

또한 죽은 사람의 넋이 편안히 저승으로 가도록 굿을 벌이기도 해요. 여기에는 굿을 통해 살아 있는 사람을 위로하고, 죽은 사람도 위해 주는 따뜻한 마음이 담겨 있어요.

그런가 하면 마을의 풍년이나 풍어를 기원하며 벌이는 굿도 있어요. 이때는 마을 전체가 하나가 되어 굿을 벌이지요.

굿을 할 때는 먼저 정성껏 음식을 마련해 상을 차려요. 그러면 무당이 잘 차려진 상 앞에서 춤을 추고 노래를 하면서 신에게 소원을 빌고 신의 뜻을 전하지요. 이때 무당은 날카로운 작두 위에 올라서서 뛰기도 하고, 죽은 사람의 영혼과 말을 하기도 하는 등 신기한 행동을 보이기도 해요.

무당이 굿을 할 때 부르는 노래를 '무가'라고 하는데, 가장 유명한 것이 바리데기 무가예요. 바리데기는 우리나라 무당의 맨 처음 조상이라고 전해오는 인물이지요.

아주 먼 옛날 아들을 낳고 싶어 하는 왕과 왕비가 있었어요. 왕과 왕비는 날마다 아들을 낳게 해 달라고 신에게 빌었어요. 그런데 웬일인지 왕비는 계속 딸만 낳았어요. 딸을 낳고, 또 딸을 낳아 딸 일곱을 낳았지요.

"이번에도 또 딸이란 말이냐? 더는 딸이 필요 없다. 당장 이 아기를 마구간에다 던져 버려라!"

화가 난 왕은 일곱째 아기를 내다 버리라고 소리쳤어요. 신하들은 곧 일곱째 아기를 마구간에 버렸지요.

그런데 이상한 일이 벌어졌어요. 아기를 마구간에 버리면 말들이 피해 다니고, 바다에 버리면 물고기들이 피해 다녔어요. 산에 버렸더니 산짐승들이 보살펴 주어 아기는 무럭무럭 잘도 자랐어요. 사람들은 그 아기를 '바리데기'라고 불렀어요.

바리데기가 열다섯 살이 되었을 때예요. 아버지인 왕이 갑자기 큰 병을 얻었어요. 궁궐에서 멀리 떨어진 시약산에서 나는 약수를 마셔야만 낫는 병이었지요.

왕비는 공주들을 불렀어요.

"첫째 네가 가서 약수를 좀 구해 오련?"

"어머니, 저는 할 수 없어요. 한 번도 궁궐 밖으로 나가 본 적이 없잖아요."

첫째 공주는 고개를 숙였어요. 둘째 공주도 셋째 공주도 모두 자기는 할 수 없다며 고개를 가로저었어요.

왕비는 하는 수 없이 바리데기를 찾아 나섰어요. 그리고 바리데기를 찾아 사정을 이야기했어요.

"막내야, 네가 가서 약수를 좀 구해 오련?"

"네, 어머니. 제가 그 약수를 구해 오겠어요. 아무 걱정하지 마시고 기다리세요."

바리데기는 곧 시약산으로 떠났어요. 그리고 몇 날 며칠, 수백 수천 리를 걸어서 마침내 시약산에 도착했지요. 시약산은 키 큰 총각이 지키고 있었어요.

"시약산의 약수는 어디에 있나요?"

"나와 결혼해서 아들 삼 형제를 낳아 주면 약수를 주겠소."

바리데기는 총각과 결혼해서 아들 삼 형제를 낳았어요.

"이제 제게 약수를 주세요."

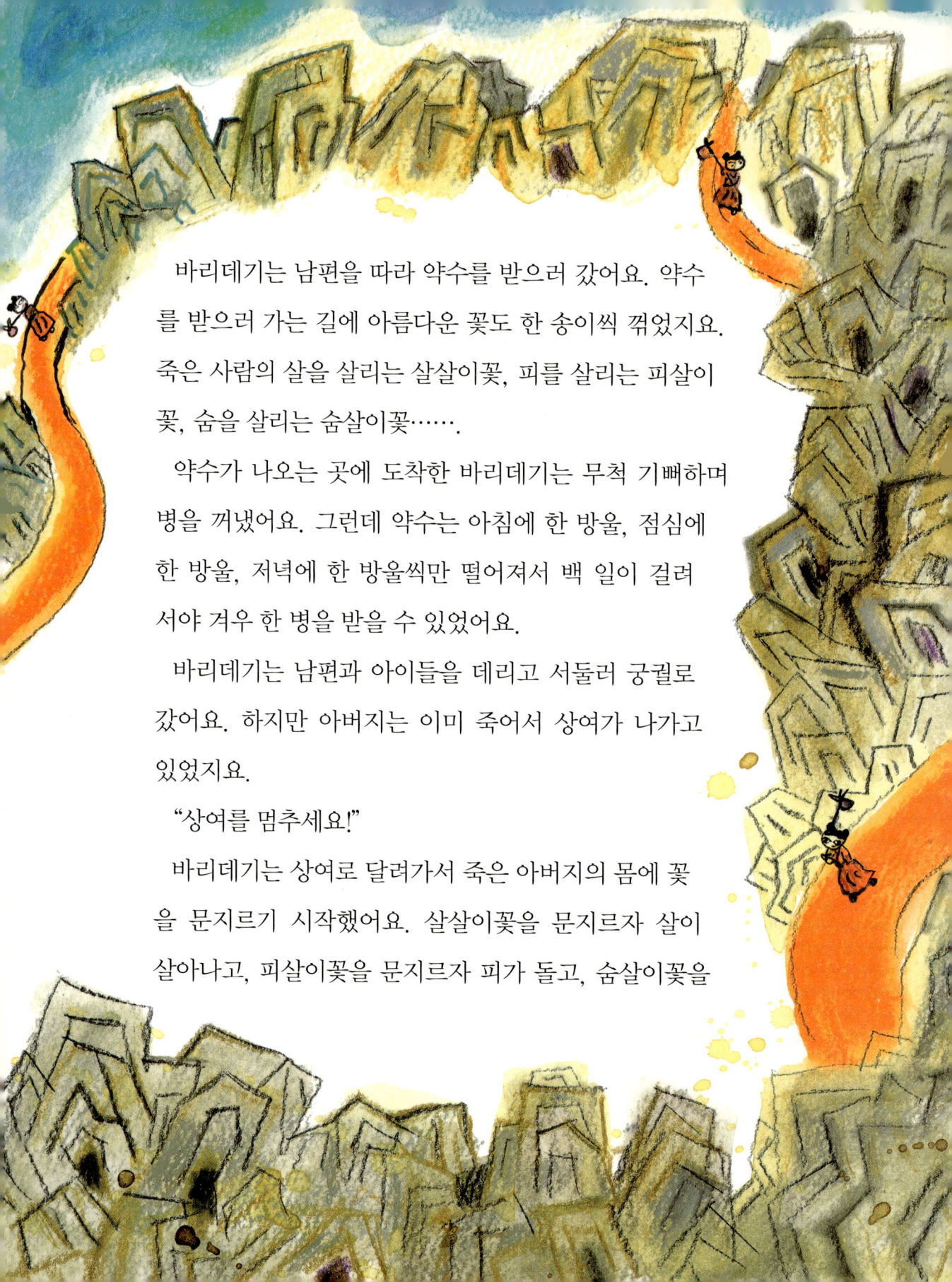

바리데기는 남편을 따라 약수를 받으러 갔어요. 약수를 받으러 가는 길에 아름다운 꽃도 한 송이씩 꺾었지요. 죽은 사람의 살을 살리는 살살이꽃, 피를 살리는 피살이꽃, 숨을 살리는 숨살이꽃······.

약수가 나오는 곳에 도착한 바리데기는 무척 기뻐하며 병을 꺼냈어요. 그런데 약수는 아침에 한 방울, 점심에 한 방울, 저녁에 한 방울씩만 떨어져서 백 일이 걸려서야 겨우 한 병을 받을 수 있었어요.

바리데기는 남편과 아이들을 데리고 서둘러 궁궐로 갔어요. 하지만 아버지는 이미 죽어서 상여가 나가고 있었지요.

"상여를 멈추세요!"

바리데기는 상여로 달려가서 죽은 아버지의 몸에 꽃을 문지르기 시작했어요. 살살이꽃을 문지르자 살이 살아나고, 피살이꽃을 문지르자 피가 돌고, 숨살이꽃을 문지르자 아버지가 숨을 크게 내쉬었어요. 그리고 약수를 입에 떨어뜨리자 아버지가 눈을 번쩍 떴지요.

바리데기가 약수와 꽃으로 죽은 아버지를 살려냈듯이, 죽은 사람이 다시 살아나기를 바라는 간절한 마음에서 무당들은 바리데기 무가를 불렀어요. 비록 죽은 사람을 다시 살리지는 못할지라도 죽은 사람의 넋을 위로하고, 남은 가족들의 아픈 마음을 달래줄 수 있으니까요.

무속 신앙 중에는 자연의 이치를 잘 응용한 과학적인 것도 있고, 전혀 터무니없는 미신도 있어요. 하지만 오늘날에도 무속 신앙은 우리 생활 곳곳에 자리 잡고 있어요. 그것은 아마도 알 수 없는 미래를 미리 알고 싶어 하는 사람들의 마음 때문이겠죠?

백두 낭자·한라 도령이 들려주는 동물 신앙 이야기

거북이 미래를 알려준다고요?

우리 민족은 아주 오래전부터 거북을 특별한 동물로 생각해 왔어요. 그래서 여러 가지 장식품의 무늬로 쓰기도 했지요. 그럼 거북과 관련된 신앙에는 어떤 것들이 있을까요?

거북은 십장생 중 하나예요. 십장생은 늙지 않고 오래 사는 열 가지 자연물로, 해·산·돌·물·구름·소나무·불로초·거북·학·사슴이 있어요. 거북 모양이나 거북등무늬의 유물에는 가족과 이웃, 나아가 우리 민족이 건강하고 오래 살기를 바라는 우리 조상들의 마음이 담겨 있지요.

거북등살문

거북 모양 토기

거북등무늬 금동신발바닥

미륵사지 돌거북

옛사람들은 돌거북에 몸을 대거나 기도를 하면 좋은 기운을 얻을 수 있다고 믿었어요.

    옛이야기나 신화에서도 거북에 대한 조상들의 생각을 엿볼 수 있어요. 《토끼전》을 보면 거북은 바다와 육지를 마음대로 오가는 용왕의 사자로 등장해요. 또 고구려의 시조 임금 주몽이 부여에서 도망갈 때, 거북과 고기떼가 다리를 놓아 강을 건널 수 있게 도와주었지요. 그뿐인가요? 가야가 처음 세워질 때 백성들은 '거북아, 거북아, 목을 내밀어라. 만약 내밀지 않으면 구워먹고 말리라.'라고 〈구지가〉를 부르며 기도를 했어요. 그만큼 거북을 신령스럽게 보았다는 것이지요.

    그래서 우리 조상들은 거북의 등을 태워 갈라지는 모양을 보고 점을 치기도 했어요. 이를 '귀복'이라고 해요. 이것은 거북이 미래를 예언하고 하늘의 뜻을 전달한다는 믿음에서 비롯된 것이랍니다.

우리 조상들은 거북을 잡으면 다시 놓아주기도 했어요.

땅과의 조화를 강조한
풍수지리

"저기 저 집일세. 저기가 바로 인심 좋기로 경상도까지 소문난 김 부자 집이란 말이야."

"김 부자가 강원도 최고의 부자가 된 게 다 집터 덕분이라는 말이 있던데……."

"내 잘은 모르지만 그 말이 괜한 소리 같지는 않구먼. 언뜻 보아도 자리가 참 좋아 보이질 않는가."

김 부자 집으로 가는 선비들은 주변을 꼼꼼하게 살펴보며 이런저런 이야기를 나누었어요.

선비들의 말대로 김 부자는 인심 좋기로 유명했어요. 거지가 동냥을 오면 먹을 것은 물론 옷가지며 이불까지 챙겨 주고, 지나가던 나그네가 하룻밤 신세를 지려고 찾아오면 노자까지 챙겨서 보냈지요. 과거를 보러 한양으로 가다가 들르는 선비들에게도 두고두고 고마워할 만큼의 대접을 해 주었고요. 그러다 보니 김 부자 집은 항상 사람들로 북적였어요.

하지만 김 부자가 사람들에게 칭찬을 듣는 동안 손님들 치다꺼리를 맡은 부인 맹씨는 점점 지쳐 갔어요.

부인 맹씨는 자기도 모르게 신세타령을 하는 날이 많아지고, 어떤 날은 종일 구시렁거리며 일을 했어요.

"아이고, 내 팔자야. 속 모르는 사람들은 내가 가만히 앉아서 차려다 주는 밥이나 받아먹는 줄 알겠지. 일 년 삼백육십오 일 종종걸음치고 사는 줄 누가 알겠어, 누가."

부인 맹씨는 대문으로 들어서는 선비들을 보고도 하나도 반갑지 않았어요. 오히려 짜증 섞인 목소리로 이렇게 말했지요.

"아유, 지겨워. 이제는 사람 얼굴이 밥 한 공기, 국 한 사발로 보인다니까."

부인 맹씨는 손님에게 낼 상을 차리면서 불편한 마음을 드러냈어요. 그도 그럴 것이 집 안에는 이미 빈자리가 보이지 않을 정도로 손님들이 꽉 차 있었거든요.

부인 맹씨가 방금 들어온 선비들에게 상을 차려 주고 막 부엌으로 들어가려고 할 때였어요. 탁발을 온 스님 한 분이 두 손을 모으고 공손하게 인사를 건넸어요. 그러자 부인 맹씨도 두 손을 모아 인사를 했지요.

"스님, 잠시만 기다리십시오."

부인 맹씨는 얼른 부엌으로 들어가서 쌀과 음식을 한 꾸러미 가지고 나왔어요.

"이거 번번이 고맙습니다. 그런데 댁에 무슨 안 좋은 일이라도……. 얼굴빛이 영 좋지를 않습니다."

"아, 안 좋은 일이 있다기보다……. 스님, 사실은……."

부인 맹씨는 말끝을 흐리며 잠시 고민하다가 속내를 말하기 시작했어요. 자신은 손님 치다꺼리에 지칠 대로 지쳤으며 쌀만 축내는 사람들이 그만 찾아왔으면 좋겠다고 말이죠.

"스님, 우리 집에 찾아오는 손님들을 쫓아낼 방법은 없을까요? 아니, 어떻게 하면 손님들이 더는 우리 집을 찾아오지 않을까요? 이제는 정말 지긋지긋합니다."

"댁에 손님이 많은 것은 다 그럴 만하기 때문입니다. 그러니 손님을 쫓아낼 생각은 하지 않는 게 좋겠습니다."

"제가 오죽하면 이런 생각을 하겠습니까? 하루 세 끼만 겨우 먹는 살림살이어도 좋으니, 하루라도 몸 편하게 살아 보는 것이 소원입니다."

"정 그렇다면 방법이 없는 것은 아니오나……."

"스님, 방법이 있긴 있나요? 그렇다면 제발 좀 가르쳐 주십시오. 네, 스님?"

부인 맹씨는 스님에게 허리를 굽히며 방법을 가르쳐 달라고 애원했어요. 그러자 스님이 마지못해 입을 열었어요.

"집 앞으로 흐르는 개울물을 막아 밭을 전부 논으로 만드십시오. 그러면 손님의 발길이 끊어질 것입니다."

부인 맹씨는 스님이 떠나자 남편부터 찾았어요. 그러고는 좋은 생각이 떠올랐다며 이야기를 꺼냈지요.

"여보, 우리 집에는 손님이 많이 오니까 집 앞의 밭을 논으로 만드는 게 어떻겠어요? 그러면 쌀을 더 많이 거둘 수 있으니 더 많은 사람에게 베풀 수 있지 않겠어요?"

부인의 말을 들은 김 부자는 한순간의 망설임도 없이 개울물을 막아 밭을 논으로 만들었어요. 그러자 거짓말처럼 손님들의 발길이 뚝 끊어졌지요.

"이제야 좀 사는 것 같네. 진작에 이렇게 했으면 그 고생을 안 했을 텐데……."

부인 맹씨는 집 앞에 펼쳐진 논을 바라보며 그 어느 때보다 흐뭇한 미소를 지었어요.

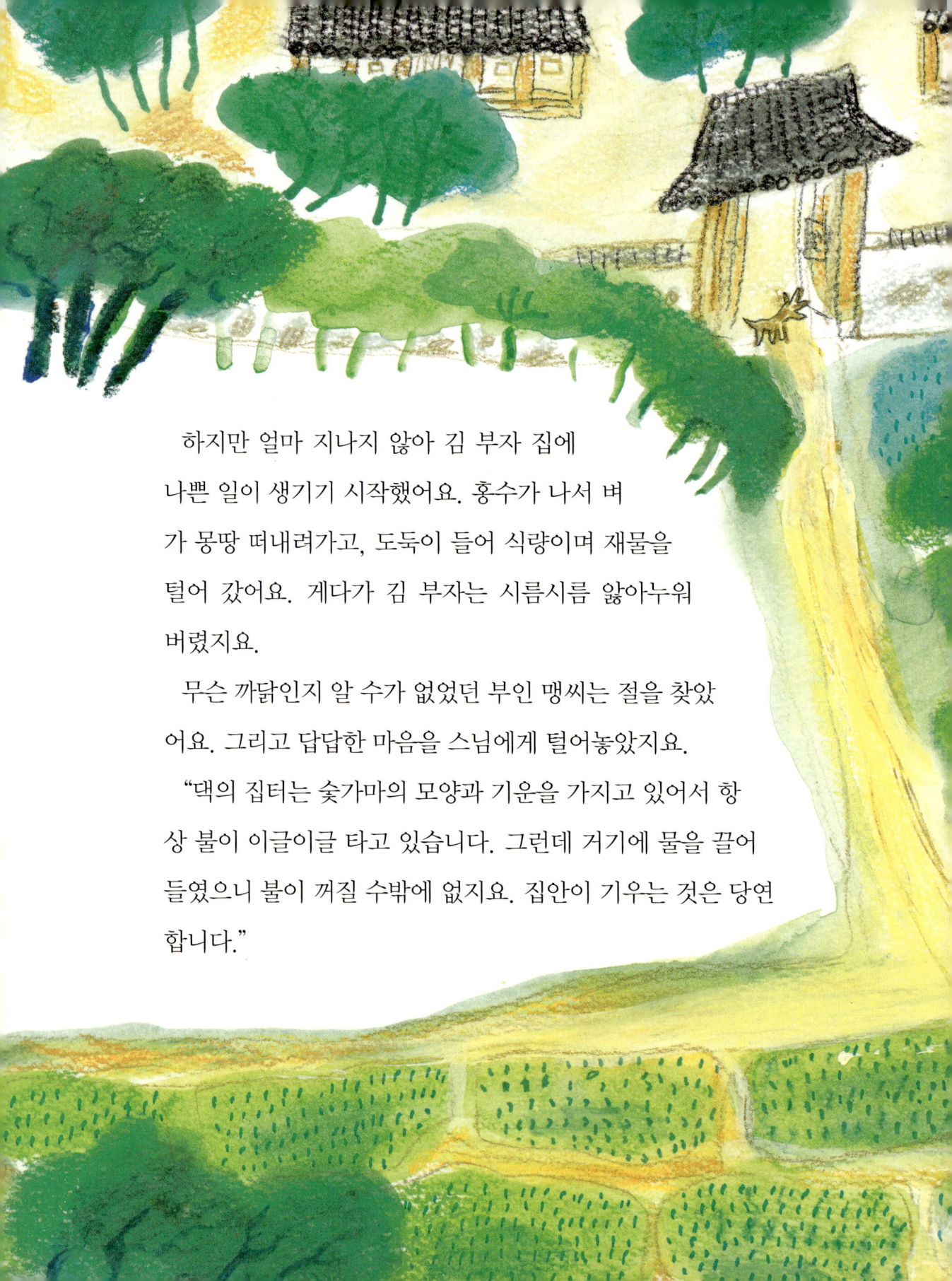

하지만 얼마 지나지 않아 김 부자 집에 나쁜 일이 생기기 시작했어요. 홍수가 나서 벼가 몽땅 떠내려가고, 도둑이 들어 식량이며 재물을 털어 갔어요. 게다가 김 부자는 시름시름 앓아누워 버렸지요.

무슨 까닭인지 알 수가 없었던 부인 맹씨는 절을 찾았어요. 그리고 답답한 마음을 스님에게 털어놓았지요.

"댁의 집터는 숯가마의 모양과 기운을 가지고 있어서 항상 불이 이글이글 타고 있습니다. 그런데 거기에 물을 끌어들였으니 불이 꺼질 수밖에 없지요. 집안이 기우는 것은 당연합니다."

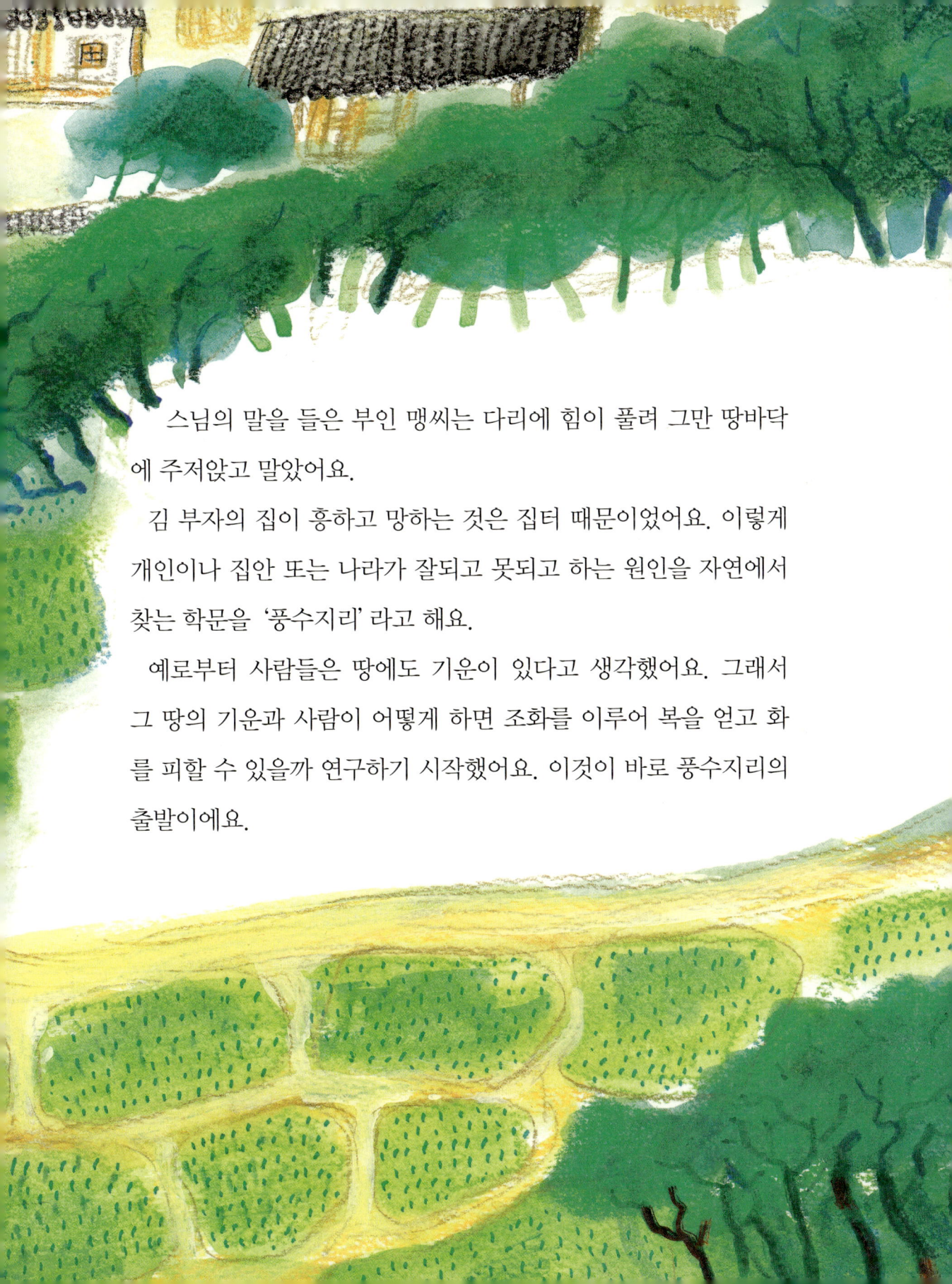

　　스님의 말을 들은 부인 맹씨는 다리에 힘이 풀려 그만 땅바닥에 주저앉고 말았어요.

　　김 부자의 집이 흥하고 망하는 것은 집터 때문이었어요. 이렇게 개인이나 집안 또는 나라가 잘되고 못되고 하는 원인을 자연에서 찾는 학문을 '풍수지리'라고 해요.

　　예로부터 사람들은 땅에도 기운이 있다고 생각했어요. 그래서 그 땅의 기운과 사람이 어떻게 하면 조화를 이루어 복을 얻고 화를 피할 수 있을까 연구하기 시작했어요. 이것이 바로 풍수지리의 출발이에요.

풍수지리에서는 산과 땅의 모양, 바람과 물의 흐름을 보고 좋은 땅을 찾아요. 특히 산을 등지고 강을 마주한 곳을 사람이 살기에 좋은 땅이라고 했어요. 산이 바람막이가 되어주어 따뜻하고, 물이 가까이 있어 농사짓기에도 알맞기 때문이지요.

우리나라에 풍수지리를 널리 전한 사람은 통일 신라 시대의 도선 스님이에요. 도선 스님은 중국의 풍수지리를 받아들여 스님만의 이론을 개척했어요. 특히 나쁜 기운의 땅도 나무를 심거나 탑을 세워서 그 기운을 고칠 수 있다고 했지요.

이러한 도선 스님의 주장은 고려 시대에 크게 유행했어요. 특히 고려를 세운 왕건은 도선 스님의 말에 따라 전국 곳곳에 절을 세웠어요. 이 가운데에는 왕의 기운이 있는 땅을 무겁게 누르기 위해 지은 절도 있어요. 전라남도 화순의 운주사에는 수많은 돌부처와 돌탑이 있는데, 운주사 주변이 왕이 태어날 기운을 품고 있어서 그 기운을 누르려고 탑과 불상을 만들었다고 해요.

풍수지리는 조선 시대에도 이어졌어요. 조선을 세운 이성계도 풍수지리에 따라 한양을 도읍으로 정했어요. 특히 조선 시대에는 묏자리를 잡는 풍수가 유행했는데, 묘를 잘 쓰면 그 자손이 복을 얻는다고 믿었기 때문이에요.

그러다 보니 조선 시대에는 좋은 곳이라면 남의 무덤을 파고 자기 조상의 무덤을 쓰는 일까지 있었다고 해요.

땅을 살아 있는 것으로 보고 땅과의 조화로운 생활을 이루고자 하는 풍수지리는 오늘날까지 이어지고 있어요. 땅속에 흐르는 지하수를 찾아내는 일, 건물의 방향을 결정하는 일, 댐을 만들 장소를 정하는 일 등에 이용하고 있거든요. 물론 집터나 묘지 등을 정하는 데에도 풍수지리의 도움을 받고 있지요.

 백두 낭자·한라 도령이 들려주는 동물 신앙 이야기

제비가 착한 일, 나쁜 일을 가린다고요?

 우리 조상들은 제비가 선과 악을 구분하고, 좋은 일이 생길 것을 미리 알려주는 길조라고 생각했어요. 그럼 제비와 관련된 우리 신앙을 살펴볼까요?

《흥부전》을 보면 제비는 은혜를 베푼 흥부에게는 좋은 박씨를 물어다 주고, 나쁜 짓을 한 놀부에게는 안 좋은 박씨를 물어다 줘요. 말하자면 제비는 착한 일과 나쁜 일을 가려서 판단할 줄 아는 새이지요.

그래서 우리 조상들은 제비가 처마에 집을 짓고 사는 것을 가볍게 보지 않았어요. 그 집 식구들이 착한 일을 하는지 나쁜 일을 하는지 살펴본다고 믿었기 때문이에요.

제비는 그림 속에서 봄을 의미하거나 좋은 일을 바라는 상징이었어요.

예부터 전해오는 우리 세시풍속 중에는 '제비집점'이란 것도 있어요. 제비집점은 보통 음력 3월 3일인 삼월삼짇날에 보는데, 제비집의 위치나 모양을 보고 그 해의 운세를 점치는 거예요.

　만약 제비집이 처마나 집 안에 있으면 그 집에 좋은 일이 생긴다고 믿었어요. 또 제비가 짚을 많이 섞어서 지저분하게 집을 지으면 그 해에 가뭄이 들고 흉년이 든다고 믿었지요.

　한편 우리 조상들은 제비가 복과 재물을 가져다준다고 믿었어요. 그래서 제비가 자신의 집에 와서 살기를 바랐지요. 그러한 믿음은 '제비가 새끼를 많이 낳으면 그 집이 부유해진다.', '제비가 다음 해에 찾아오지 않으면 집이 망한다.'와 같은 속담에서도 찾아볼 수 있답니다.

제비 모습을 본뜬 민속품에서 조상들의 신앙생활을 엿볼 수 있어요.

제비 모양 빗장

제비꼬리 모양 청동 숟가락

제비부리댕기

제비꼬리 모양 경첩이 달린 가구

신라 제23대 법흥왕 때의 일이에요. 왕위에 오른 법흥왕은 하루라도 빨리 절을 세우고 싶었어요. 그래서 하루는 여러 신하를 모아 놓고 이렇게 말했지요.

　"과인이 왕이 되었으니, 백성들을 위해 복을 빌고 죄를 없애는 절을 짓고자 하오."

　그러나 신하들은 법흥왕의 깊은 뜻을 헤아리지 못하고 불교를 반대했어요. 실망한 법흥왕은 한숨을 쉬며 혼잣말을 했어요.

　"이렇게 슬플 수가! 이 많은 신하 가운데 정녕 나와 뜻을 같이할 사람이 없단 말인가?"

　하지만 법흥왕의 슬픔은 그리 오래가지 않았어요. 왕의 마음을 잘 헤아리는 이차돈이 있었거든요. 이차돈은 비록 벼슬은 낮았지만, 곧은 절개와 맑은 뜻을 품은 젊은이였어요.

　어느 날 이차돈이 법흥왕에게 아뢰었어요.

　"신이 듣자오니, 옛사람은 신분이 천한 사람에게도 좋은 생각을 물었다고 하옵니다."

　"그래, 그렇지."

"나라를 위하여 몸을 버리는 것은 신하로서의 절개이고, 임금을 위하여 목숨을 바치는 것은 백성으로서의 도리입니다. 그러니 임금님의 말씀을 거짓으로 전했다는 죄를 물어 신의 목을 베옵소서. 그리하면 어느 누구도 임금님의 뜻을 어기지 못할 것이옵니다."

이차돈이 머리를 조아리자 법흥왕은 타이르듯이 말했어요.

"나의 뜻은 죄 없는 사람을 죽이고자 하는 게 아니다."

하지만 이차돈은 뜻을 굽히지 않고 다시 아뢰었어요.

"이 몸이 저녁에 죽어 그 이튿날 아침에 백성들이 불교를 받아들인다면 임금님과 이 나라는 길이 편안하실 것이옵니다."

법흥왕은 이차돈의 말에 크게 감동했어요. 그래서 결국 그의 뜻에 따르기로 했지요.

다음 날부터 신라에는 거짓 소문이 나돌았어요.

"자네, 그 소문 들었나?"

"임금님이 절을 지으라고 했다는 소문?"

"그래, 백성들을 위해 절을 지으신다는군."

사람들은 삼삼오오 모여서 소문에 관해 수군거렸어요. 거짓 소문이 하루가 다르게 퍼져 나가자 신하들은 소문을 퍼뜨린 사람을 찾느라 정신이 없었어요.

"도대체 말도 안 되는 소문을 낸 사람이 누구랍디까?"

"이차돈이라고 하던데……."

"그래요? 그게 사실이라면 어서 임금님께 아뢰어야지요."

신하들은 서둘러 임금님에게 달려갔어요. 그러고는 소문에 관한 일을 낱낱이 알렸지요.

"전하, 부디 절을 세우라는 명령을 거두어 주옵소서."

"절대로 그러한 일은 없어야 할 줄로 아뢰옵니다."

신하들은 모두 입을 모아 절을 세워서는 안 된다고 주장했어요. 그러자 법흥왕은 한 관리에게 무기들을 가져와 펼쳐 놓으라고 명령했어요. 그러고는 위엄을 갖추어 신하들을 향해 물었지요.

"그대들은 내가 절을 지으려 하는데, 어찌하여 주저하고 듣지를 않는가?"

법흥왕의 쩌렁쩌렁한 목소리에 신하들은 잔뜩 겁을 먹었어요. 당장에라도 군사들을 불러 자신들의 목을 벨지도 모른다는 생각이 들 정도였으니까요.

그사이 이차돈이 법흥왕 앞에 끌려 왔어요. 법흥왕은 일부러 무섭게 이차돈을 꾸짖었어요.

"네가 그 거짓 소문을 퍼뜨렸느냐?"

"예, 그러하옵니다."

"그렇다면 지금 당장 이차돈의 목을 베어라!"

법흥왕이 단숨에 명령을 내렸어요.

명령이 떨어지기 무섭게 군사들이 달려와 이차돈을 꽁꽁 묶은 채로 궁궐 뜰에 꿇어 앉혔어요.

"임금님께서 불교를 일으키려 하시기에 제 목숨을 바칩니다. 부디 기적을 내려 백성들에게 두루 보여 주소서!"

이차돈이 마지막으로 울부짖었어요. 그리고 마침내 이차돈의 목이 베어졌어요.

그런데 그때였어요. 이차돈의 목에서 우유같이 하얀 피가 하늘 높이 솟구치는 것이었어요. 그뿐만이 아니었어요. 갑자기 사방이 어두워지고 땅이 마구 흔들리더니 꽃잎 같은 빗방울이 뚝뚝 떨어졌지요.

"아니, 이럴 수가!"

이차돈의 죽음을 지켜보던 신하들은 두려운 마음에 벌벌 떨며 진땀을 흘렸어요. 하지만 이상한 일은 여기서 그치지 않았어요. 느닷없이 샘물이 말라 물고기들이 파닥파닥 뛰었고, 멀쩡한 나무가 저절로 꺾어져 원숭이들이 떼 지어 울었어요.

"이건 분명히 부처님이 내리는 기적이에요."
이차돈이 죽은 뒤로 신라에서는 곧 불교를 받아들였고 부처님을 모시면 대대로 영화를 얻게 된다고 믿게 되었답니다.

불교는 석가모니, 즉 부처의 가르침을 믿고 따르는 종교예요. 부처란 진리를 깨달은 사람이라는 뜻이지요.

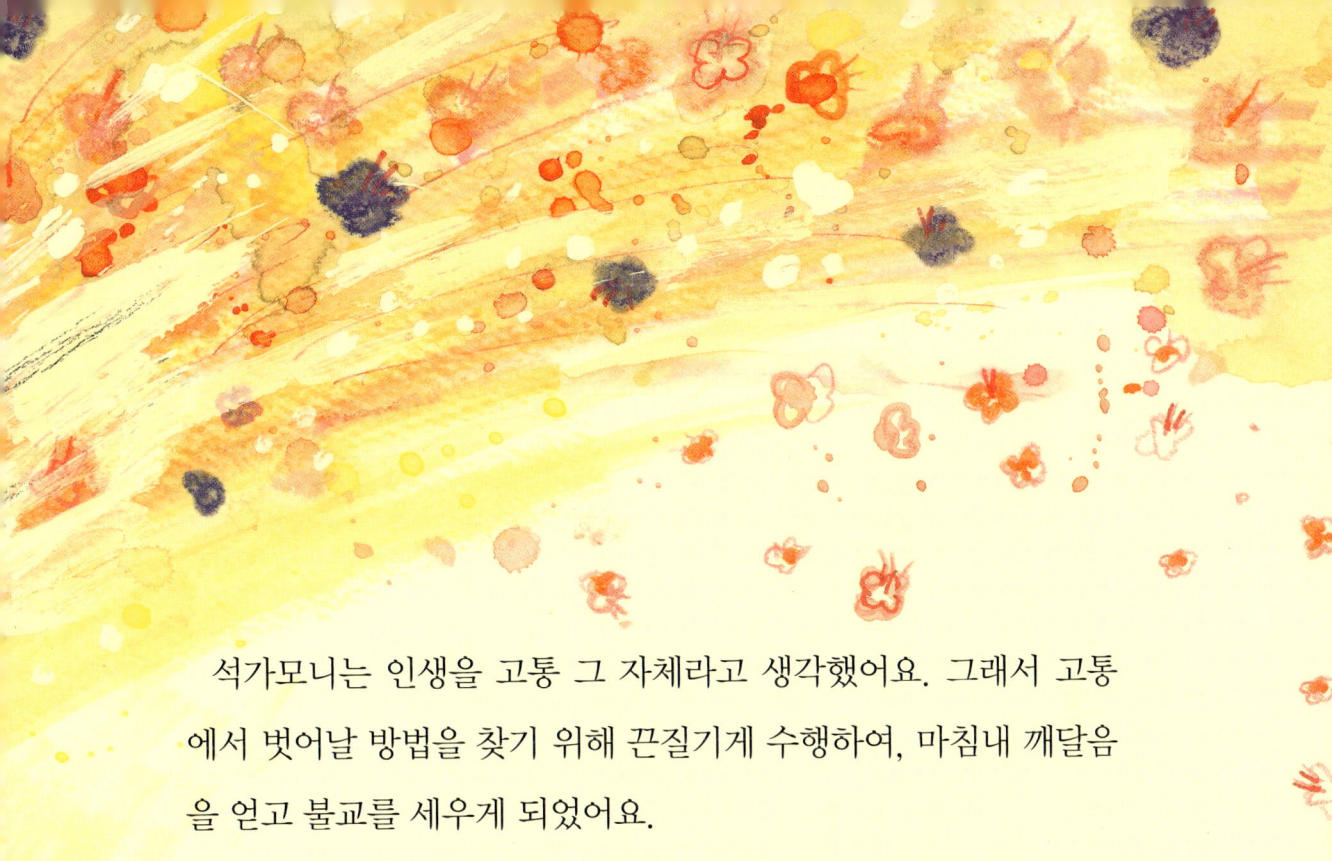

    석가모니는 인생을 고통 그 자체라고 생각했어요. 그래서 고통에서 벗어날 방법을 찾기 위해 끈질기게 수행하여, 마침내 깨달음을 얻고 불교를 세우게 되었어요.

    불교의 대표적인 사상은 '연기설' 이에요. 연기설은 세상의 모든 일이 서로 관련이 되어 있다고 보는 거예요. 과거에 지은 업에 따라 현재의 모습이 결정되고, 또 현재의 업에 따라 미래의 모습이 결정된다는 뜻이죠. 여기서 말하는 업은 사람이 몸과 입과 마음으로 짓는 악한 행실을 이르는 말이에요. 그래서 불교에서는 선한 덕을 쌓고 악한 업을 없애는 일을 중요하게 생각해요.

    '인과응보' 라는 말을 아나요? 선한 원인에는 선한 결과가, 악한 원인에는 악한 결과가 따른다른 말이에요. 원인이 있으면 반드시 결과가 있다고 믿는 것, 이것이 바로 연기설이지요.

또 불교에서 빼놓을 수 없는 것이 '자비 정신'이에요. 자비 정신은 아주 작은 생명이라도 귀하게 생각하는 큰 의미의 사랑을 말해요. 불교에서는 이 세상의 생명체는 죽게 되면 다른 세상에서 다시 태어나는데, 그때에는 사람이 동물로, 동물이 사람으로 태어날 수도 있다고 생각해요. 그래서 하찮은 생명이라도 내 몸처럼 사랑해야 한다고 가르치지요.

불교에서는 모든 괴로움에서 벗어난 자유로운 상태를 '열반'이라고 해요. 다른 말로 '해탈'이라고도 하지요. 불교에서는 '팔정도'를 통해 열반에 이를 수 있다고 말해요. 팔정도는 바른 사상, 바른 생각, 바른 말, 바른 행동, 바른 생활, 바른 노력, 의식 집중, 정신 통일 등의 여덟 가지 수행 방법을 가리켜요.

이러한 불교가 우리나라에 처음으로 들어온 때는 삼국 시대였어요. 불교는 372년에 중국을 거쳐 고구려에 전해진 뒤 점차 백제와 신라에까지 전해졌지요.

삼국 가운데 가장 늦게 불교를 받아들인 신라는 이차돈이 죽은 뒤에야 비로소 불교를 인정했어요. 하지만 가장 빠르게 발전하여 통일 신라 시대에는 석굴암, 불국사와 같은 뛰어난 문화유산을 남겼고, 원효나 의상 같은 훌륭한 승려도 길러 냈어요.

　우리나라의 불교는 나라의 안전과 번영을 비는 호국 불교의 성격을 가졌어요. 그래서 나라에 큰일이 있을 때에는 큰 규모의 법회를 열어 나라를 위해 기도하고, 전쟁이 일어나면 승려들이 일어나 나라를 위해 싸웠어요.

　불교에서 말하는 열반에 이르는 길은 멀고도 험하다고 해요. 하지만 우리가 아주 작은 생명이라도 사랑하는 마음으로 살아간다면 어느 순간 부처님의 커다란 깨달음을 얻을지도 모를 일이에요.

백두 낭자·한라 도령이 들려주는 동물 신앙 이야기

까치가 좋은 일을 가져다준다고요?

민화 중에는 호랑이와 함께 까치를 그린 그림이 많아요. 이런 그림을 '까치 호랑이 그림' 또는 '호작도'라고 부르는데, 여기에도 우리 조상들의 신앙이 담겨 있다고 해요.

까치 호랑이 그림

예로부터 우리 조상들은 까치가 좋은 일을 가져다주는 길조라고 믿었어요. 그래서 '까치가 울면 반가운 손님이 온다.'라는 말도 있지요.

까치 호랑이 그림에는 바로 이런 믿음이 담겨 있어요. 새해가 되면 나쁜 귀신을 막아 주는 신령스런 동물인 호랑이와, 좋은 일을 가져다주는 까치, 거기에 십장생 중 하나인 소나무를 함께 그린 그림을 서로 주고받으며 일 년 내내 좋은 일만 있기를 바랐던 거예요.

새해가 되면 까치 날개를 본뜬 까치연을 날리며 복을 빌었답니다.

　까치는 날씨를 알려 주거나 병을 고치는 데에도 효험이 있는 새라고 해요. 까치는 집을 지을 때 바람이 불어오는 반대쪽에다 문을 내는데, 우리 조상들은 그런 까치를 보고 농사일에 도움을 받았어요. 그리고 까치집을 태우면 나쁜 귀신이 나가고 병이 낫는다고 믿기도 했지요.

　또 음력 7월 7일인 칠석에는 까마귀와 까치를 위해 담장 위에 밥이나 과일을 올려두는 '까치밥주기' 풍속이 있었어요. 《견우와 직녀》 이야기를 보면 헤어진 견우와 직녀가 만나도록 까치와 까마귀가 다리를 놓아주잖아요? 그 수고에 대한 보답으로 이런 풍속이 생겼다고 해요.

감나무에 남겨 둔 까치밥에서 조상들의 따뜻한 마음을 느낄 수 있어요.

삼강오륜의 정신이 살아 있는 유교

옛날 조선 시대에 이양생이라는 사람이 있었어요. 이양생은 가난하고 신분도 천했지만, 성실하고 우직한 사람이었지요.

"오늘도 저자에 나갈 겐가?"

"예, 밤새 짚신을 많이 만들었습니다."

"자네는 언제나 낯빛이 밝아서 좋구먼."

이양생의 집 앞을 지나가던 마을 어르신이 기분 좋게 말했어요.

사실 이양생의 처지를 생각하면 그에게는 웃을 일이 거의 없었어요. 많은 사람이 그를 첩의 자식이라고 손가락질하고, 신이나 삼는 천한 신분이라고 업신여겼거든요. 게다가 글을 배울 기회조차 없어서 장가갈 나이가 되도록 제 이름 석 자도 쓸 줄 모르는 까막눈이었으니까요.

그래도 이양생은 얼굴 한 번 찡그리거나 한숨을 내쉬는 일이 없었어요. 오히려 항상 밝은 얼굴이었지요.

그러던 어느 날이었어요. 나라에 큰 반란이 일어나 이양생은 졸병으로 반란을 진압하는 데 참가하게 되었어요. 평소에 힘 좋고, 말 달리고 활 쏘는 일을 잘하기로 소문이 났었거든요.

그런데 이양생이 얼마나 용감하게 싸웠던지, 졸병으로는 유일하게 공을 세웠지 뭐예요? 그 일로 많은 논밭과 노비를 상으로 받고 벼슬자리까지 얻었답니다.

하루는 이양생이 말을 타고 저잣거리를 지날 때였어요. 그 저잣거리는 바로 예전에 자신이 신을 삼아 팔던 곳이었죠.

길을 지나던 이양생은 한쪽 구석에 앉아 신을 팔고 있는 친구를 발견했어요. 그러자 조금의 망설임도 없이 말에서 뛰어내려 친구의 손을 덥석 잡으며 인사를 건넸어요.

"친구, 날 알아보겠나?"

"아이고, 귀하신 분이 이러시면 아니 됩니다."

"이보게, 무슨 소린가? 자네와 난 그저 친구일 뿐이네."

친구는 몸 둘 바를 몰라 했지만 이양생은 친구를 예전처럼 허물없이 대했어요. 비록 높은 자리에 올랐지만 친구와의 우정은 변함없이 소중한 것이었으니까요.

이양생은 아내에 대한 도리도 소중하게 여겼어요. 그의 아내는 노비 출신에다가 얼굴도 못생기고 더욱이 아이를 낳지 못했어요. 그러니 주변 사람들은 그를 볼 때마다 새 아내를 맞으라고 충고를 했지요.

"이보게. 이제 자네는 귀한 신분이 되었으니, 신분에 걸맞은 아내를 다시 맞아들이는 게 어떠한가?"

"제 아내는 제가 천한 신분일 때 만나 함께 고생한 조강지처입니다. 어찌 조강지처를 버릴 수가 있단 말입니까?"

"이 사람 참으로 답답하구먼. 신분에 맞는 규수를 배필로 맞는 일이 무슨 손가락질 받을 일이라고. 무엇보다도 자식은 얻어야 하지 않겠는가?"

"제가 비록 글은 읽을 줄 모르오나, 유교에서 말하는 삼강오륜의 덕목은 알고 있습니다. 벼슬을 얻었다고 아내에 대한 도리를 저버린다면 어찌 삼강오륜을 지켰다고 할 수 있겠는지요?"

"허허. 삼강오륜을 지키는 자네야말로 진정한 군자일세."

사람들은 그런 이양생을 보고 입을 모아 칭찬했답니다.

유교는 공자가 펼친 중국의 대표적인 사상이에요. 중국이 여러 나라로 갈라져서 서로 힘을 겨루고 있을 때 태어난 공자는 밖으로는 예를 실천하여 어지러운 질서를 바로잡고, 안으로는 어진 마음으로 사람을 섬겨야 한다고 주장했어요.

유교는 중국의 사회와 문화를 다스리는 중심 학문으로 발전하였고, 나아가 우리나라에까지 큰 영향을 주었어요.

　유교가 우리나라에 언제 들어왔는지는 정확하게 알 수 없어요. 다만 고려 시대에 성리학이라는 학문으로 자리를 잡고, 시간이 흘러 조선 시대에는 나라를 세우고 백성을 다스리는 기본 정신이 되었다는 것만은 분명하지요. 성리학은 전부터 내려오던 유교를 새롭게 해석한 학문이에요.

유교의 근본 사상은 '인'이에요. 인은 사람을 대할 때의 어진 마음가짐을 말해요. 인을 실천하려면 진심과 배려가 있어야 하고, 먼저 부모와 형제부터 시작하여 점차 다른 사람에게로 전해져야 한다고 해요. 따라서 부모에게 효도를 다하는 것을 인의 첫째로 두었어요.

그래서 조선 시대에는 돌아가신 조상의 위패를 사당에 모셔놓고 조상을 기리고 제사를 지냈어요. 제사는 돌아가신 부모를 살아계실 때와 같이 공경하라는 공자의 가르침을 실천하는 것이에요. 오늘날 우리가 제사를 모시는 풍습은 효를 인의 첫째로 여긴 유교의 가르침을 이어받은 것으로 볼 수 있답니다.

그런가 하면 유교는 '수기치인'의 학문이에요. 수기치인은 먼저 자기 자신을 닦고 다른 사람을 다스린다는 뜻이지요. 유교에서는 지혜와 덕을 갖춘 사람을 '군자'라고 하고, 그 반대인 사람을 '소인'이라고 해요. 소인은 군자의 가르침을 받아야 비로소 도덕적인 사람이 될 수 있어요. 그러니 유교를 공부하는 사람은 누구나 군자가 되기를 원했지요.

이양생이 살았던 조선은 유교의 정신을 기본으로 세워진 나라예요. 그래서 훌륭한 유학자들도 많이 나왔어요.

혹시 천 원 지폐와 오천 원 지폐에 그려진 인물이 누구인지 아세요? 바로 퇴계 이황과 율곡 이이예요.

이황과 이이는 조선 시대 중기의 뛰어난 유학자들로, 우리나라 유학을 대표한다고 말할 수 있어요. 이황은 중국의 성리학을 우리나라에 맞게 발전시켰어요. 이황의 학문은 이웃 나라인 일본의 성리학에도 큰 영향을 미쳤지요. 이이 또한 이황과 함께 조선 성리학에 큰 획을 그은 대학자였어요.

조선 시대에는 이황과 이이는 물론 서경덕, 이언적, 유성룡 같은 대학자들의 연구로 우리나라 유교가 크게 발전했답니다.

유교는 백성들의 생활에도 많은 영향을 미쳤어요. 특히 이양생이 살았던 조선 시대 백성들은 삼강오륜을 잘 지키는 사람을 훌륭한 사람이라고 생각했지요.

'삼강오륜'은 유교의 대표적인 도덕 사상으로, 사람과 사람 사이에서 지켜야 할 세 가지 규범과 다섯 가지 도리를 말해요.

먼저 삼강은 임금과 신하, 어버이와 자식, 남편과 아내 사이에 마땅히 지켜야 할 규범이에요. 신하는 임금을 잘 섬겨야 하고(군위신강), 자식은 어버이를 잘 섬겨야 하며(부위자강), 아내는 남편을 잘 섬겨야 한다(부위부강)는 세 가지를 말해요.

다음으로 오륜은 사람으로서 지켜야 할 다섯 가지 도리를 가리켜요. 부모와 자식 사이에는 친함이 있어야 하고(부자유친), 임금과 신하 사이에는 의리가 있어야 하며(군신유의), 남편과 아내 사이에는 분별이 있어야 하고(부부유별), 어른과 아이 사이에는 차례가 있어야 하며(장유유서), 벗과 벗 사이에는 믿음이 있어야 한다(붕우유신)는 것이지요.

혹시 성균관에 가 본 적이 있나요? 조선 시대 최고의 국립대학이라고 할 수 있는 성균관에는 재미있는 나무가 두 그루 있어요. 바로 측백나무인데, 성균관의 두 측백나무는 삼강오륜나무라고 불리고 있어요. 한 나무는 가지가 세 개이고, 다른 하나는 가지가 다섯 개이거든요. 두 나무는 다름 아닌 삼강과 오륜을 상징한다고도 해요.

유교의 가르침은 오늘날에도 이어지고 있어요. 부모에게 효도하고 웃어른을 공경하는 태도, 자신의 몸과 마음을 잘 다스리고 예절을 잘 지키는 자세 등은 여전히 아름다운 덕목들로 지켜지고 있으니까요.

백두 낭자·한라 도령이 들려주는 동물 신앙 이야기

잉어가 소망을 이루어 준다고요?

조선 시대 선비들의 꿈은 과거 시험에 합격하여 벼슬을 얻고 이름을 널리 알리는 것이었어요. 그래서 공부하는 방에 잉어 그림을 붙여 놓았다고 해요. 왜 그랬을까요?

어해도

예로부터 우리 조상들은 잉어가 소망을 이루어 주는 동물이라고 믿었어요. 공부하는 선비가 잉어 꿈을 꾸면 관직을 얻어 출세하고, 사업하는 사람이 잉어 꿈을 꾸면 사업이 잘되어 성공한다고 믿었지요. 그래서 조선 시대 선비들은 잉어 그림을 방에 붙여 놓고 과거에 합격하기를 빌었던 거예요.

잉어는 효를 상징하기도 해요. 추운 겨울 꽁꽁 언 연못의 얼음을 깨고 잉어를 잡아 병든 아버지에

효 문자도

글자의 뜻과 관련된 상징물을 글자 속에 넣어 표현한 것을 문자도라고 해요. 효(孝) 문자도에는 효의 상징인 잉어가 꼭 등장하지요.

게 드렸더니 아버지의 병이 씻은 듯 나았다는 효자 이야기를 들어본 적이 있지요? 이처럼 잉어는 효자, 효녀 이야기에 자주 나오는 동물이에요. 그래서 효를 주제로 한 옛날 그림에도 잉어가 빠짐없이 나온답니다.

물고기와 관련된 재미있는 풍속도 있어요. 우리 조상들은 물고기가 항상 주위를 감시할 수 있다고 생각했어요. 물고기는 밤낮으로 눈을 뜨고 있으니까요. 그래서 다락문에 물고기 그림을 붙여 놓기도 하고, 쌀뒤주나 서랍에 물고기 모양 자물쇠를 달아 두기도 했어요. 또 절에서는 처마 끝에 물고기 모양 쇳조각이 달린 풍경을 달았는데, 이것은 항상 눈을 뜨고 있는 물고기처럼 불교에 전념하라는 의미라고 해요.

물고기 모양 자물쇠

19세기 말 조선 사회는 몹시 어지러웠어요. 임금은 힘이 없었고 관리들은 백성들을 돌보기는커녕 자신들의 욕심을 채우기에 바빴어요. 게다가 청나라와 일본은 서로 조선 땅을 차지하려고 기회만 노리고 있었지요.

그즈음 전라도 고부라는 마을에 전봉준이라는 젊은이가 살았어요. 하루는 전봉준과 친구들이 모여 고부 군수 조병갑의 일을 이야기하고 있었어요.

"조병갑의 횡포가 날이 갈수록 심해지고 있네. 이제는 멀쩡한 저수지를 새로 만든다고 하지를 않나!"

"뻔하지. 농사를 지으려면 물이 꼭 필요하니까 물을 주고 세금을 거둘 속셈 아니겠어?"

"돈만 있으면 마음에 둔 벼슬을 사는 마당에 어떻게 관리다운 관리를 기대할 수 있겠는가?"

"이대로 두고 볼 수만은 없어. 조병갑을 몰아내자고."

전봉준이 두 주먹을 불끈 쥐고 일어섰어요. 친구들도 전봉준의 뜻에 따르기로 했지요.

며칠 뒤, 전봉준은 천 명이 넘는 농민들을 이끌고 관아로 쳐들어 갔어요.

"조병갑을 몰아내자!"

"관아를 쳐부수자!"

삽과 곡괭이를 든 농민들은 일제히 소리를 지르며 관아로 달려 갔어요. 그러고는 감옥을 부수어 억울하게 갇힌 사람들을 풀어 주고 창고를 열어 곡식을 나누어 가졌어요. 달아난 조병갑을 놓치기는 했지만 통쾌한 승리였지요.

'지방 군수 하나 쫓아냈다고 세상이 변하지 않는다.'

이렇게 생각한 전봉준은 곧 백산으로 향했어요. 그곳에서 동학 접주들을 만나 앞일을 의논하기 위해서였어요.

동학은 1860년에 최제우가 만든 종교예요. '사람이 곧 하늘'이 라는 뜻을 내세운 새로운 종교였지요. 접주는 오늘날의 교회 목사와 같은 자리였고요.

태어날 때부터 양반이니 상놈이니 하는 신분이 정해진다고 믿었던 조선 사람들은 시간이 지날수록 동학의 매력에 빠져들었어요. 누구나 하늘같이 귀하고 평등하다는 동학을 알게 되면서 새로운 세상을 꿈꾼 것이죠. 그리고 전봉준도 동학을 믿었고요.

"이 기세를 몰아 전주, 아니 한양까지 쳐들어가 썩어 빠진 벼슬 아치들을 몰아냅시다."

"좋은 생각이오. 동학 접주들에게 연락을 하여 더 많은 사람을 모아 봅시다."

다음 날부터 백산에는 수천 명이 넘는 농민과 동학교도가 모여들었어요. 전봉준과 몇몇 동학 접주들은 이 사람들을 모아 앞장서서 군대를 만들었어요.

"우리 동학 농민군은 제대로 된 훈련을 받지 못했습니다. 그러니 상대의 빈틈을 노리는 기습 공격을 하는 수밖에 없습니다."

"자, 황토현으로 가서 몸을 숨기고 상대의 공격에 대비합시다."

얼마 뒤 동학 농민군의 예상대로 나라에서는 큰 규모의 관군을 백산으로 보냈어요. 관군은 동학 농민군을 무섭게 몰아붙였어요. 하지만 사기가 하늘을 찌를 듯한 동학 농민군은 쉽게 무너지지 않았어요.

"이제부터 싸움을 시작합시다."

"우리 힘으로 새로운 세상을 만듭시다!"

동학 농민군은 관군에 맞서서 죽을힘을 다해 싸웠어요. 그리고 하나 된 힘으로 황토현 싸움을 승리로 이끌었지요.

"와, 와. 우리가 이겼다! 전주성으로 가자!"

동학 농민군은 승리의 깃발을 펄럭이며 전주로 향했어요. 가는 길에 각 고을의 관아를 차지해 못된 관리를 혼내주고 창고를 열어 가난한 백성들에게 곡식을 나누어 주었지요. 그리고 아주 쉽게 전주성까지 차지했어요.

그런데 문제는 그때부터였어요. 나라에서 동학 농민군을 잡기 위해 청나라에 군대를 보내 달라고 하자 이에 질세라 일본에서도 군대를 보냈거든요. 동학 농민군은 전주성 안에 갇힌 채 꼼짝도 못하는 처지가 되고 말았어요.

전봉준은 관군에게 화해의 편지를 보냈어요.

"나쁜 벼슬아치들을 내쫓고 백성들을 편안하게 한다면 우리는 더 싸울 이유가 없다."

그러자 관군 쪽에서 답장을 보냈어요.

"너희가 무기를 버리고 나온다면 해치지 않겠다."

이렇게 해서 동학 농민군과 관군은 싸움을 멈추기로 했어요. 이것이 제1차 동학 농민 운동이에요.

고향으로 돌아간 동학 농민군은 집강소를 두고 스스로 마을을 다스렸어요. 관리들에게 빼앗겼던 땅을 나누어 갖고 노비 문서도 불태웠고요. 이제 곧 살기 좋은 나라가 될 것 같았지요.

그러나 새로운 세상은 쉽게 만들어지지 않았어요. 청나라와 일본이 조선 땅에서 전쟁을 하고, 그 전쟁에서 이긴 일본은 조선을 자기들 마음대로 휘두르려고 했어요.

'이럴 수가! 온 나라가 일본 놈의 손아귀에서 놀아나다니…….'

전봉준은 너무나 기가 막혀서 피가 거꾸로 솟는 것 같았어요. 가만히 있을 수 없다는 생각에 다시 동학 농민군을 모았지요.

동학 농민군은 논산을 떠나 우금티로 향했어요. 한양으로 올라가자면 공주를 지나야 했는데, 우금티를 넘어야만 공주로 들어갈 수 있었기 때문이에요.

하지만 전봉준이 동학 농민군을 모으는 사이 일본 군대는 미리 공주에 들어와 있었어요. 관군은 일본 군대의 지휘를 받고 있었고요. 그러니 결과는 뻔한 것이었어요. 싸움은 수십 차례 계속되었지만 시간이 지날수록 동학 농민군의 시체만 쌓여 갔어요. 우금티에서 벌인 제2차 동학 농민 운동은 결국 실패로 막을 내렸지요.

동학 농민 운동은 동학을 믿는 사람들과 농민들이 힘을 합해 일으킨 농민 운동이에요. 동학 농민군은 썩어 빠진 벼슬아치들이 사라진 새로운 세상을 만들고 싶어 했지요.

그 당시 우리나라는 몹시 위태로운 상황이었어요. 일본과 중국을 비롯한 외국의 여러 나라가 조선을 삼키려고 기회를 엿보고 있었어요. 게다가 관리들은 나랏일을 팽개치고 자기네 이익을 챙기느라 바빴어요. 또한 종교적으로는 서양에서 들어온 서학이 유행했지요. 서학은 오늘날의 천주교예요.

이러한 상황에서 최제우는 민족의 주체성을 바로 세우는 길만이 조선의 살길이라고 생각했어요. 그래서 우리 민족을 구하려는 뜻으로 서학에 맞선 동학을 세우게 되었어요.

동학은 우리 민족에게 친근한 민간신앙을 바탕으로 불교, 유교, 도교 등 여러 종교와 사상이 합쳐져 만들어졌어요. 동학에서는 사람은 본래 하늘의 성품을 가졌으므로 사람이 곧 하늘이요, 하늘이 곧 사람이라고 주장해요. 이를 '인내천'이라고 하는데, 바로 동학의 중심 사상이지요. 그러니까 동학에서는 인간은 누구나 평등하기 때문에 귀하고 천함이 없다고 해요.

이러한 사상을 가진 동학은 백성들 사이에서 빠르게 퍼져 나갔어요. 그러자 나라에서는 백성의 정신을 빼앗는 요사한 종교라며 동학을 탄압하기 시작했어요. 그 본보기로 최제우를 잡아 사형에 처했지요.

하지만 동학은 나라의 탄압에도 점점 그 세력이 커졌어요. 비록 동학 농민 운동은 실패했지만, 동학의 제3대 교주가 된 손병희가 1905년에 천도교로 이름을 바꾸면서부터는 종교적인 체계를 갖추었어요.

천도교는 동학을 바탕으로 발전한 민족 종교예요. 일제강점기에

는 일본에 나라를 빼앗기자 800여 개의 강습소를 세우고 잡지를 만드는 등 국민 교육에 앞장섰지요. 그 결과 삼일운동의 중심 역할을 맡게 되었고요.

천도교는 광복이 된 뒤에는 국토의 분단을 반대하는 남북통일 운동을 벌이기도 했어요. 그리고 지금도 이 땅에 천국이 세워지기를 바라며 활발한 활동을 펼쳐 나가고 있답니다.

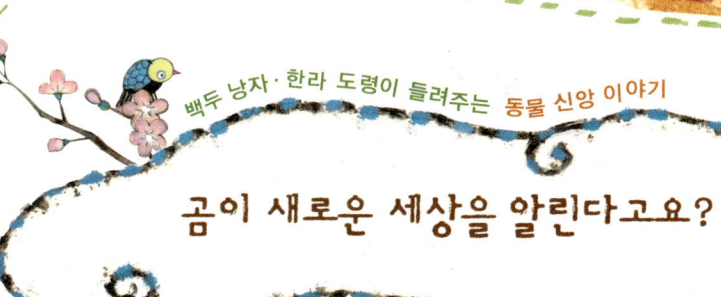

백두 낭자·한라 도령이 들려주는 동물 신앙 이야기

곰이 새로운 세상을 알린다고요?

고마나루는 충청남도 공주에 있는 백제의 유적지로, 금강 주변으로 넓은 백사장과 멋진 솔밭이 펼쳐져 있어요. 그런데 바로 이곳에 곰에 얽힌 전설이 숨어 있다고 해요.

옛날 깊은 산속 어느 동굴에 살던 암곰이 나무꾼을 잡아 남편으로 삼고 자식 둘을 낳았어요. 그런데 남편이 부인과 자식을 버리고 도망가 버렸지요. 결국 암곰은 자식들과 함께 강에 빠져 죽고 말았어요.

그런 일이 있은 뒤로 그 강을 건너는 배가 자꾸 뒤집히고, 사람들이 물에 빠져 죽었어요. 그래서 마을 사람들이 곰사당을 세우고 죽은 암곰을 위해 제사를 지냈지요. 그랬더니 더는 나쁜 일이 생기지 않았다고 해요.

공주 고마나루

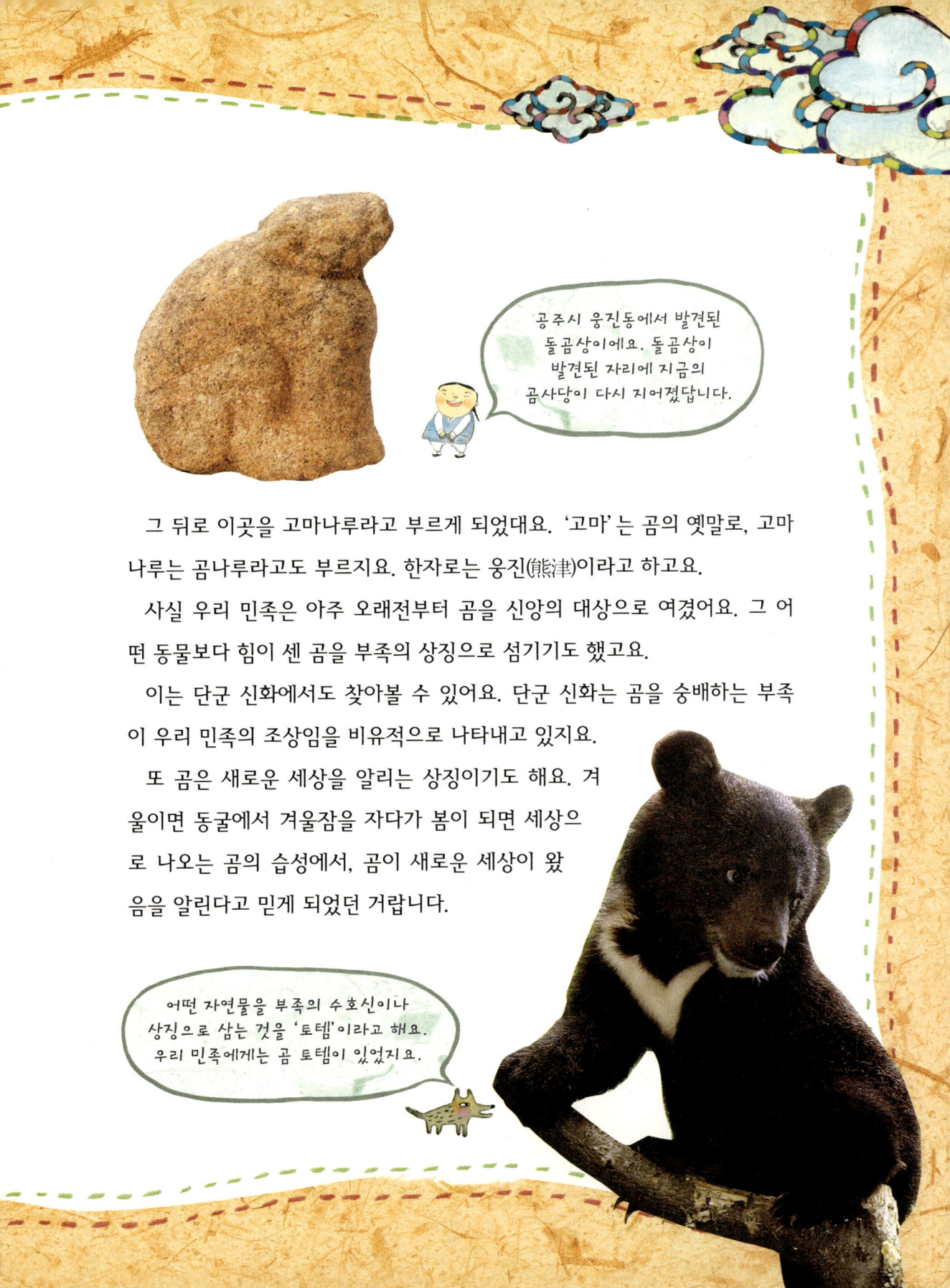

공주시 웅진동에서 발견된 돌곰상이에요. 돌곰상이 발견된 자리에 지금의 곰사당이 다시 지어졌답니다.

그 뒤로 이곳을 고마나루라고 부르게 되었대요. '고마'는 곰의 옛말로, 고마나루는 곰나루라고도 부르지요. 한자로는 웅진(熊津)이라고 하고요.

사실 우리 민족은 아주 오래전부터 곰을 신앙의 대상으로 여겼어요. 그 어떤 동물보다 힘이 센 곰을 부족의 상징으로 섬기기도 했고요.

이는 단군 신화에서도 찾아볼 수 있어요. 단군 신화는 곰을 숭배하는 부족이 우리 민족의 조상임을 비유적으로 나타내고 있지요.

또 곰은 새로운 세상을 알리는 상징이기도 해요. 겨울이면 동굴에서 겨울잠을 자다가 봄이 되면 세상으로 나오는 곰의 습성에서, 곰이 새로운 세상이 왔음을 알린다고 믿게 되었던 거랍니다.

어떤 자연물을 부족의 수호신이나 상징으로 삼는 것을 '토템'이라고 해요. 우리 민족에게는 곰 토템이 있었지요.

부록

교과가 튼튼해지는
우리 것 우리 얘기

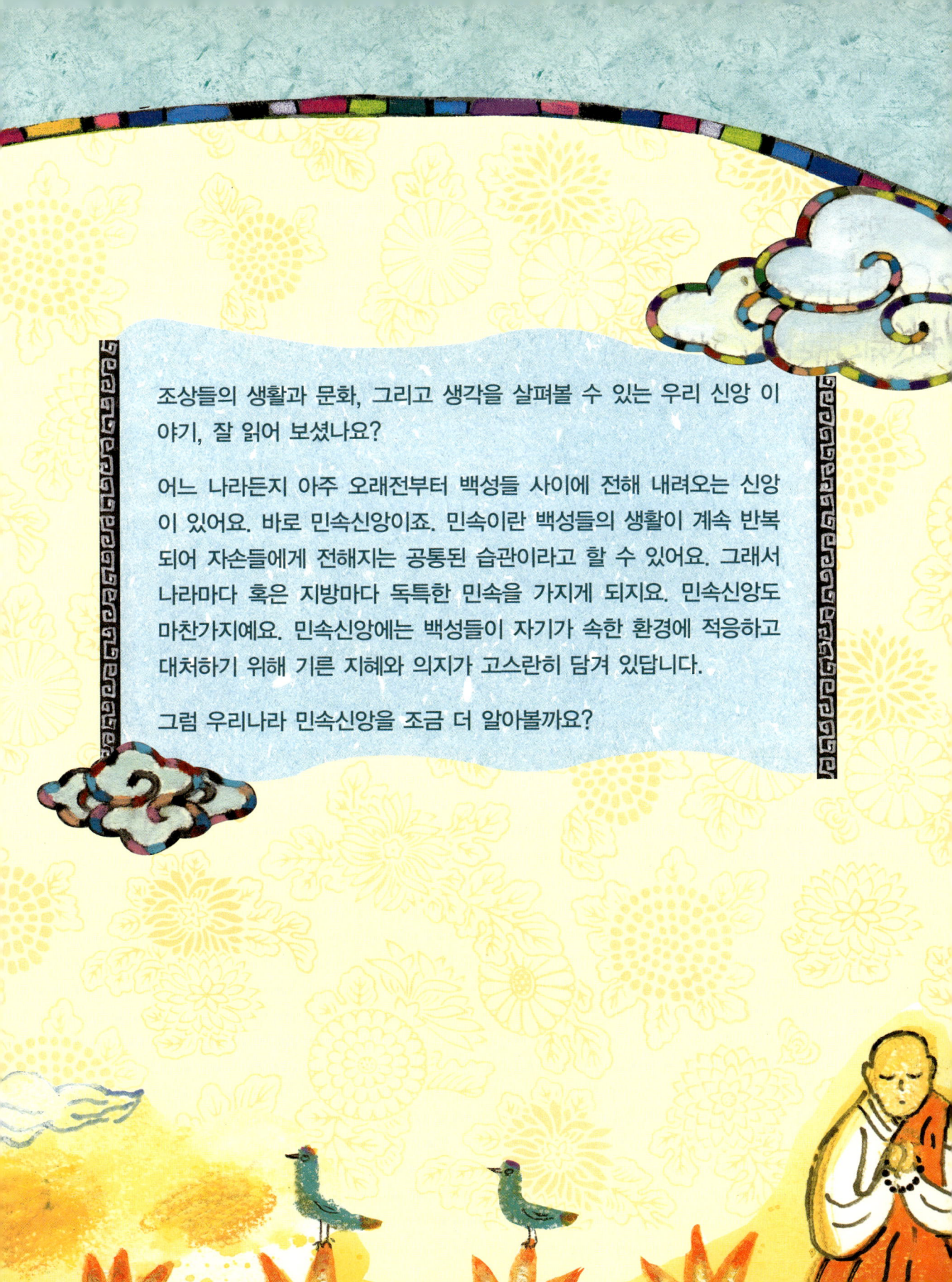

조상들의 생활과 문화, 그리고 생각을 살펴볼 수 있는 우리 신앙 이야기, 잘 읽어 보셨나요?

어느 나라든지 아주 오래전부터 백성들 사이에 전해 내려오는 신앙이 있어요. 바로 민속신앙이죠. 민속이란 백성들의 생활이 계속 반복되어 자손들에게 전해지는 공통된 습관이라고 할 수 있어요. 그래서 나라마다 혹은 지방마다 독특한 민속을 가지게 되지요. 민속신앙도 마찬가지예요. 민속신앙에는 백성들이 자기가 속한 환경에 적응하고 대처하기 위해 기른 지혜와 의지가 고스란히 담겨 있답니다.

그럼 우리나라 민속신앙을 조금 더 알아볼까요?

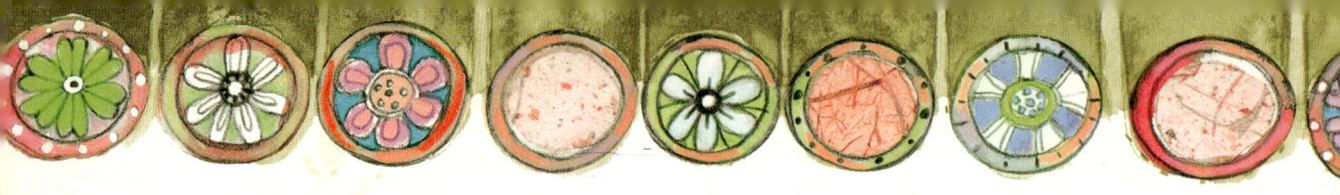

우리나라의 민속신앙

민속신앙은 백성들 사이에 전해 내려오는 신앙을 말해요. 우리 조상들과 함께해 온 우리나라 민속신앙에는 무엇이 있을까요?

단군 신앙

단군은 우리 민족의 시조이자 우리 민족이 처음 세운 나라인 고조선의 첫 임금이에요. 단군 신앙은 우리 민족이 다른 나라의 침략을 받아 고통을 겪던 시기에 그 고통을 극복할 수 있는 큰 힘이 되었어요. 우리는 하느님의 자손이고 모두가 하나의 조상에서 나온 한 민족이라는 믿음이 백성들의 힘을 한데 모을 수 있도록 해 주었거든요. 백성들 사이에서 널리 퍼졌던 단군 신앙은 오늘날 '대종교'라는 종교로도 발전했답니다.

단군 영정

매년 3월 15일 이곳에서는 '어천절 대제'를 지내요. 어천절은 단군이 하늘로 올라간 것을 기념하는 날이지요.

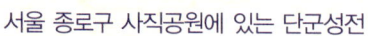

서울 종로구 사직공원에 있는 단군성전

솟대 신앙

솟대는 주로 마을 입구에 세워져서 그 마을 사람들의 신앙의 대상이 되었어요. 솟대의 긴 막대기는 하늘과 땅을 연결하는 길이고, 새는 사람들의 소원을 하늘에 전하는 전달자예요.
특히 솟대의 새는 오리 모양이 많은데, 이는 오리가 농사짓는 데 꼭 필요한 물을 상징하기 때문이래요. 사람들은 오리 모양 솟대에 풍년을 기원하고 자손이 번성하기를 바랐답니다.

도깨비 신앙

옛이야기를 보면 도깨비는 사람이 하지 못하는 일을 척척 해내는 힘과 재주를 가지고 있어요. 또 착한 사람을 도와주고 나쁜 사람을 혼내주기도 하지요. 하지만 짓궂은 장난을 좋아하고 심술도 많다고 해요. 그래서 우리 조상들은 도깨비가 말썽을 부리거나 질병이나 재앙을 불러오지 못하도록 도깨비가 싫어하는 붉은색의 팥죽을 대문에 뿌려 도깨비를 쫓아버렸답니다.

도깨비 얼굴을 한 기와

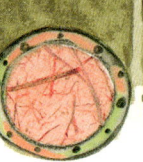

기우제 의식

농사를 짓고 살았던 옛날에는 가뭄처럼 큰 재앙이 없었어요. 그래서 가뭄이 심하면 비 오기를 기원하며 기우제를 지냈지요.

기우제는 형식이 다양해요. 임금님이 목욕을 하고 제사를 지내기도 하고, 제단을 만들어 마을 사람 전체가 제사를 지내기도 했어요. 그런가 하면 신을 화나게 하는 방법을 쓰기도 했지요. 기우제를 올린 제단 둘레에 모여 오줌을 싸서 신을 조롱하는 거예요. 그러면 화가 난 신이 당장 비를 내려 준다고 믿었어요. 그만큼 기우제는 절박한 상황에서 온 마음을 다해 지내는 의식이랍니다.

키 까부르기

키로 물을 뿌리며 비가 오기를 비는 의식이에요.

중요무형문화재 제111호 사직대제

큰 가뭄이 들면 임금님도 마음을 모아 기우제를 지냈어요.

금기 신앙

금기란 재앙이나 나쁜 기운을 물리치기 위해 해야 하거나 하지 말아야 할 행동이나 말을 뜻해요. 예를 들어 어부들은 고기잡이를 나갈 때 인사를 하지 않고, 심마니는 산삼을 발견하면 "심 봤다!"라고 크게 소리쳐야 한대요. 또 임산부가 아기를 낳으면 대문 앞에 금줄을 치는 것도 오래전부터 내려오는 금기랍니다.

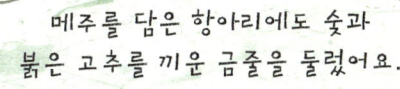

메주를 담은 항아리에도 숯과 붉은 고추를 끼운 금줄을 둘렀어요.

돌탑 신앙

우리 조상들은 돌로 탑을 쌓아 기도를 하고 소원을 빌었어요. 돌이 변하지 않고 영원하다는 생각에서였죠. 보통은 마을 입구 양쪽에 '할아버지탑', '할머니탑'이라고 해서 두 개의 돌탑을 쌓았어요. 할아버지탑은 맨 위에 가늘고 뾰족한 윗돌을 얹었고, 할머니탑은 펑퍼짐하고 둥그런 모양의 윗돌을 얹었답니다.

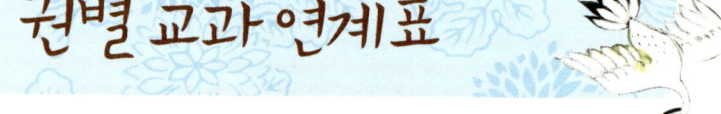

국 국어　사 사회　과 과학　도 도덕　음 음악　미 미술
체 체육　실 실과　바 바른 생활　슬 슬기로운 생활　즐 즐거운 생활

- 신 나는 열두 달 명절 이야기　　사 3-2　사 5-1　사 5-2　슬 1-2
- 관혼상제, 재미있는 옛날 풍습　　국 1-2　국 4-1　사 3-2　사 5-2
- 조상들은 어떤 도구를 썼을까　　국 2-2　사 3-1　사 5-1　사 5-2
- 옛날엔 이런 직업이 있었대요　　국 5-1　국 6-2　사 3-1　사 4-2
- 꼭 가 보고 싶은 역사 유적지　　국 4-1　국 4-2　사 6-1　사 6-2
- 신토불이 우리 음식　　국 3-1　사 3-1　사 5-1　사 6-2
- 어깨동무 즐거운 우리 놀이　　국 4-1　사 5-2　체 4　즐 1-2
- 나라를 다스린 법, 백성을 위한 제도　　사 3-2　사 4-1　사 6-1　사 6-2
- 하늘을 감동시킨 효자 이야기　　도 3-1　도 5　바 1-1　바 2-2
- 오천 년 지혜 담긴 건물 이야기　　국 4-1　국 4-2　사 5-1　사 5-2
- 세계가 놀란 발명 이야기　　국 3-1　국 5-2　사 3-1　사 5-2
- 빛나는 보물 우리 사찰　　국 4-1　사 6-2　바 2-2
- 나라의 자랑 국보 이야기　　국 5-2　사 6-1　사 6-2　바 2-2
- 나라를 지킨 호랑이 장군들　　국 4-2　국 6-1　사 6-1　바 2-2
- 오천 년 우리 도읍지　　국 4-1　사 5-2　사 6-1
- 하늘이 내린 시조 임금님들　　국 6-2　사 5-2　사 6-1　바 2-2
- 옛날 관청과 공공시설　　사 3-1　사 3-2　사 6-1　사 6-2
- 옛사람들의 우정 이야기　　국 4-1　국 6-2　도 3-1　바 1-1
- 얼쑤, 흥겨운 가락 신 나는 춤　　국 6-1　국 6-2　사 3-1　음 3
- 아름다운 독도와 우리 섬　　국 2-1　국 4-1　국 5-2　사 4-1
- 본받아야 할 우리 예절　　국 3-2　도 4-1　바 2-1　바 2-2

- 놀라운 발견, 생활의 지혜　　국 2-1　국 2-2　사 3-1　사 5-1
- 옛사람들의 교통과 통신　　사 3-2　사 4-1　사 5-2
- 머리에 쏙쏙 선조들의 공부법　　국 4-1　국 4-2　국 6-2　도 3-1
- 우리 국토 수놓은 식물 이야기　　국 1-1　국 5-1　과 4-2　바 1-2
- 큰 부자들의 경제 이야기　　사 3-2　사 4-2　사 5-2　슬 2-2
- 생명의 보물 창고 우리 생태지　　국 2-1　사 4-2　사 6-1　과 5-2
- 우리가 지켜야 할 천연기념물　　국 2-1　과 3-2　과 4-1　과 5-2
- 안녕, 꾸러기 친구 도깨비야　　국 2-2　국 3-1　국 4-1　사 3-2
- 오천 년 우리 강 이야기　　사 3-2　사 5-1
- 교과서 속 우리 고전　　국 3-1　국 4-2　국 5-1　국 6-2
- 알쏭달쏭, 열두 가지 띠 이야기　　국 3-1　사 3-2　사 5-2　사 6-1
- 빛나는 솜씨, 뛰어난 재주꾼들　　국 4-2　사 6-1　음 4　미 3, 4
- 수수께끼를 간직한 자연과 문화　　국 4-1　사 5-2　바 2-2
- 천하제일 자린고비 이야기　　국 6-2　사 4-2　도 5　실 5
- 민족의 영웅 독립운동가　　국 6-2　사 6-1　바 2-2
- 우리 조상들의 신앙생활　　국 5-2　사 3-2　사 5-2　사 6-1
- 정다운 우리나라 동물 이야기　　국 2-1　국 2-2　국 6-1　과 3-2
- 멋스러운 우리 옛 그림　　국 4-2　사 6-1　미 3, 4　미 5
- 전설 따라 팔도 명산　　국 2-1　국 2-2
- 방방곡곡 우리 특산물　　사 3-1　사 4-1　사 5-2
- 아름다운 궁궐 이야기　　국 4-1　사 6-1　미 5　바 2-2
- 역사를 빛낸 여자의 힘　　사 6-1　바 2-2
- 신명 나는 우리 축제　　사 3-1　사 4-1
- 우리가 알아야 할 북한 문화재　　사 5-2　사 6-1　바 2-2
- 봄, 여름, 가을, 겨울 24절기　　사 5-1　사 6-1　과 6-2　슬 6-2
- 나누는 즐거움 우리 공동체　　도 4-1　바 2-2
- 이야기가 술술 우리 신화　　국 1-2　국 6-2　사 3-2　사 5-2
- 흥겨운 옛시조 우리 노래　　국 6-2　사 5-2　음 3　음 6
- 조상들의 지혜, 전통 의학　　국 5-1　국 6-2

오십 빛깔 우리 것 우리 얘기 29
우리 조상들의 신앙생활

초판 1쇄 인쇄 | 2011년 7월 22일
초판 1쇄 발행 | 2011년 7월 26일

글쓴이 | 우리누리
그린이 | 허구

발행인 | 김우석
편집장 | 신수진
책임 편집 | 이정은
편집 | 박경화, 최은정
마케팅 | 공태훈, 김동현, 이진규

디자인 | 레드스튜디오
인쇄 | 성전기획

발행처 | 중앙북스
등록 | 2007년 2월 13일 제2-4561호
주소 | (100-732) 서울시 중구 순화동 2-6번지
편집문의 | (02)2000-6324
구입문의 | 1588-0950
팩스 | (02)2000-6174
홈페이지 | www.joongangbooks.co.kr

ⓒ 우리누리 2011

ISBN : 978-89-278-0129-0 14800
       978-89-278-0092-7 14800(세트)

이 책은 중앙북스(주)가 저작권자와의 계약에 따라 발행한 것이므로
이 책 내용의 일부 또는 전부를 이용하려면 반드시 중앙북스(주)의 서면 동의를 받아야 합니다.

• 많은 사람이 최선을 다해 만든 책입니다.
  그러나 혹시라도 잘못된 내용이 있으면 편집부로 연락바랍니다.
• 잘못 만들어진 책은 구입하신 서점에서 교환해 드립니다.
• 주니어중앙은 중앙북스의 어린이 책 브랜드입니다.

＊주니어중앙 카페에서 이 책과 관련된 독후활동 자료를 무료로 다운 받으실 수 있습니다.
  http://cafe.naver.com/jbookskid